殯葬倫理學

Funeral Service Ethics

作者——鈕則誠

中華殯葬教育學會・中華生死學會 主編　　中華民國葬儀商業同業公會全國聯合會　協力

出版緣起

　　人生不脫生老病死，替人們料理後事的殯葬業乃民生所必需。為提升殯葬業的服務品質，並改善世人對於殯葬的成見，勢必要大力推動殯葬改革，而其中最重要的一環便是殯葬教育。在臺灣，有系統的殯葬教育始於一九九九年初，南華管理學院所設置的「殯葬管理研習班」；同年秋天，「中華殯葬教育學會」在這個研習班的基礎上創立。無獨有偶地，海峽對岸的長沙民政學校也在這一年升格為長沙民政職業技術學院，並將高職層次的「殯儀技術與管理專業」，提升至大專層次的「殯儀系」。此外，大陸與臺灣先後於一九九七年及二○○二年頒布同名的法案〈殯葬管理條例〉，可說象徵著改革契機的出現。上述這一切變化都發生在過去十年之內，反映了華人世界的殯葬改革正方興未艾。

　　背負著改革成敗責任的教育實踐，需要有扎實的學問知識做基礎。當我們看見上海殯葬文化研究所於二○○四年底策劃出版一套十二冊「殯葬學科叢書」，以提供高等院校的殯葬專業教材，便激發出起而效尤的決心。適逢內政部有意在大專院校推行設置殯葬專業二十學分班，當作檢覈禮儀師證書的教育訓練必備條件。為順應此一趨勢，空中大學已規劃在附設的空中專科學校成立「生命事業管理科」。倘若順利推展，空專生管科將是臺灣第一所完全為培育殯葬專業人才而設立的大專層級正規科系；畢業生可獲頒副學士學位，未來更得以考授禮儀師證照。

總體來看，殯葬教育撥雲見日的時機已經到來，中華殯葬教育學會很高興能夠跟中華生死學會、中華民國葬儀商業同業公會全國聯合會兩大團體合作，並在威仕曼文化事業公司總經理葉忠賢先生、總編輯閻富萍小姐的全力支持下，集思廣益著手編輯一套「生命事業管理叢書」，作為今後推動殯葬專業教育的核心教材。希望我們的持續努力，能夠為華人「慎終追遠」的文化傳承做出貢獻。

鈕則誠
銘傳大學教育研究所
中華殯葬教育學會

自　序

　　《殯葬倫理學》是我在兩年內寫成的第四種殯葬教育專書，對我而言，在這方面著書立說的階段性任務，大致已經完成，接著便是努力把自己的理念推廣出去。本書主要作為教科書之用，但也勉強算一部論著；只是我引經據典一大堆，卻沒有機會把它們充分展開。過去我跟三名研究生合寫了一本《醫學倫理學》，自認不甚得體；後來打算獨寫《護理倫理學》，成稿兩章後半途而廢；如今總算有了《殯葬倫理學》的問世，就算我在應用倫理學和專業倫理學方面繳交的功課作業吧！此外在潤飾初稿時，我接到服務學校的派令，出任行政主管，於是本書又可視為我告別過去六年閒雲野鶴生活之作。照例還是要感激威仕曼文化事業公司的發行人葉忠賢先生、總編輯閻富萍小姐，以及執行編輯李鳳三小姐長期以來對於出版生死、殯葬方面專書的擇善固執與造福社會；同時也要對陳貴芝、劉佩佩、吳姝葶、劉美惠、王昭月等五位小姐的協助文書處理敬致謝意。

鈕則誠

二〇〇七年十月十四日五十有四

目錄

【導　論】

第一章　殯葬倫理學的定位

　　第一章屬於全書的導論，嘗試為殯葬倫理學定位，以有效開展其後的論述。本章共分為四節，首先闡述專業倫理與職業道德的關係，確認前者係後者的提升與擴充。接著以兩節篇幅，勾勒出殯葬倫理學在殯葬和倫理兩個面向的內涵，亦即殯葬文化學與應用倫理學。最後將作為應用倫理學的殯葬倫理學，銜接上華人應用哲學的理路；把後現代的儒道融通思想，當成殯葬倫理學的核心價值。此一儒道融通思想，具有「後科學、非宗教、安生死」的特性，可總結為「中國人文自然主義」式的生活態度與殯葬文化，亦即輕死重生、厚養薄葬。拜殯葬改革之賜，海峽兩岸華人社會不約而同地推動殯葬教育、開發殯葬學術，乃有殯葬學的誕生。殯葬倫理學屬於殯葬學之下殯葬文化學的一支，具有「人文化成」的教育意義，本書即秉持此種精神而寫。

引 言

　　臺灣的殯葬業目前正在從「行業」朝向「專業」發展，就業人員的心態也逐漸由從事一門「職業」提升為奉獻一份「事業」。行業的門檻較低，有心為之便可入行；專業的門檻相對來得高，證照制度通常是基本要求。至於職業可維持生計，事業則進一步滿足成就感。人生不脫生、老、病、死四者，當醫師、護理師著手費心於前三項時，禮儀師便致力於最後一項。這些皆屬民生所必需，也都在善盡功德、服務社會。各行各業都有職業道德，以自我約束，並造福消費者；專業領域更形成專業倫理，它們有時候表現為守則、誓言、公約等，以維繫專業水準和形象。當殯葬業邁向專業化之際，殯葬倫理乃應運而生。專業化必須靠系統地教育訓練方得以落實，闡明殯葬倫理的殯葬倫理學，正是殯葬教育不可或缺的一環。殯葬倫理學由殯葬學與倫理學統整而成，基礎內更含有各種哲學思想，本章即依此分析，為殯葬倫理學先行定位，其後的章節再紹述其內涵。

第一節　職業道德與專業倫理

　　「倫理學」顧名思義是探究「倫理」的學問，許多人一聽到「倫理」便聯想起「道德」，二者有時的確係同義詞，而西方的「倫理學」又稱作「道德哲學」。倫理學形成為一門學科，多歸功於公元前四世紀的古希臘哲學家亞里斯多德。在現今知識分類裡，倫理學仍屬於哲學的分支，連圖書編目都不例外。但是要討論倫理道德問題，並不一定非得把哲學念通不可；然而將哲學思想納入其中，多少可以增添倫理探究的廣度與深度。由於倫理學的根源在哲學，使它成為人文學問，而與科學知識大異其趣。一般而言，科學追求客觀性，人文則保有相當程度的主觀性，甚至含

有地域性。現實生活中，華人的倫理道德規範便與西方有所出入；像善盡孝道的要求，就歸於我們特有的文化現象。殯葬既然是在為人們料理後事的活動，不可避免地會涉及各種文化底蘊，本書即以臺灣地區的漢人文化為準而撰寫。

「倫理」與「道德」的意思出入不大，如果要加以區分，則「倫理」的適用範圍較「道德」來得廣泛。它們的差異實源自哲學上的認知不同：「東西方學者對『道德』和『倫理』的理解的歧異，反映出了哲學家們不同的趨向。這兩種不同趨向的一個非常重要的差別是更強調主觀還是客觀、內在還是外在、個人還是社會。『倫理』可以是低層次的、外在的，也可以是高層次的，它連接內外，溝通上下，側重社會層面，而『道德』則是在個人體現社會道德規範的主體與精神的意義上使用。」（孔娜，2004：10）由此可見，本節所討論的「職業道德與專業倫理」議題，其中專業倫理是包含職業道德的。職業道德一般指個人從事一份職業或工作，起碼該遵守的待人處事原則；而專業倫理則涉及相關行規，以及必須考量與實踐的社會責任。換言之，道德大都在個人層面落實，倫理卻兼及群體層面的規範。

西方人講倫理，隱藏著「放諸四海皆準」的假定，這與華人「看情況而定」的態度有所不同。面對東西方文化不斷交織的香港學者，對此深有體認：「昔日中國人所說的『倫理』，其實代表著一種獨特的道德觀。此種道德觀將人倫關係視為道德的基礎。人世間有不同的人倫關係，而對應不同的人倫關係就有不同的行為原理。此種著重個別關係的道德觀，正好與西方不少追求普遍性及無偏私為道德的基本特色的道德觀形成強烈對比。」（余錦波，1997：3）倫理規範若是形成為普遍無私的標準，即屬「原則主義」；遇事依各種狀況分別處理，乃是「脈絡主義」。原則主義有時會變得不通人情，在華人社會難免碰壁；脈絡主

義則容易造成徇私，出現罔顧公德的弊病。在討論倫理與道德議題時，不但應注意二者施展範圍的寬窄，更需要辨明其於公私兩方面著力輕重的不同。

瞭解倫理與道德的大同小異之後，接下去就來思考職業道德與專業倫理的內涵。無論職業或是專業，都體現在每一個人的社會生活中。這種社會生活因為社會體制的不同，可能偏向政治性或經濟性。例如大陸過去實施政府干預的計劃經濟，人人都是單位裡的公務員，其職業即等於職稱，職業道德只要表現得「奉公守法」就合乎要求。相對地，臺灣長期處於自由貿易的市場經濟下，除了軍公教人員外，許多人的職業都跟營利有關，此中的最低道德要求便指向「取之有道」。事實上，經濟學原本即源自倫理學：「在被稱之為現代經濟學之父的亞當‧斯密那裡，經濟學的研究都還從屬於道德哲學的範疇，被普遍看作是指導和促進人類致達幸福生活……的有用知識之一種。」（萬俊人，2003：22－23）作為工商企業組織中的成員，還有以服務為目的的公務員，大家都應當思索職業道德的真諦，並且身體力行。

倘若職業道德是一個就業者的基本修養，那麼專業倫理的團體規範性與社會責任性就來得強烈許多。一般而言，「職業」的概念較為籠統鬆散，例如指從事工業或商業、製造業或服務業等；而「專業」便屬於門檻較高、有排他性的行業，例如從事醫療、諮商、建築、會計等活動。專業倫理不止要求私德與公德，更必須遵守行內規範：「一種專業發展到略具社會組織的形態時，通常就會開始訂定一些內規，要求從事此一行業的人員共同遵守。這些內規有的是在規定成員的資格，以確保每一位成員都受過合格的訓練；有的是在規定成員之間的對待方式，以確保和諧；有的則規定此一專業的社會責任。由此可以看出，專業倫理有兩個層面，一是偏重專業內部的問題，一是偏重專業與社會之間

的關係。」（朱建民，1998：2－3）本書為建構臺灣的殯葬專業倫理而寫，以下分別就殯葬和倫理兩方面來討論。

第二節　作為殯葬文化學的殯葬倫理學

從字面上顧名思義，「殯葬倫理學」是一門科際學科，大陸上稱為「交叉學科」，意味由一門以上學科整合交織而成；殯葬倫理學即屬殯葬學和倫理學的交叉學科。不同於倫理學來自西方，殯葬學可說完全源生於華人社會。二○○二年底，一位來自山東省的殯葬實務工作者鮑元，在「上海國際殯葬服務學術研討會」上，發表了一篇題為〈應該有一門「殯葬學」〉的論文。他提出一套構想：「殯葬學研究的理論體系大致可分為『兩類三論』，……『兩類』是指：理論殯葬學和應用殯葬學。前者是綱，後者是目……。『三論』是指概論、史論和分論。概論即理論殯葬學……，史論研究的是就某一歷史時期殯葬事務諸要素的描述和概括……。分論是就殯葬現象或事務中的某一領域或專題，作深入細緻全面的研究後形成的報告或專著，也就是應用殯葬學所涉及的內容。」（鮑元，2003：383－389）

鮑元在上海的提議構想，與當地學者專家的理念不謀而合。兩年後三輯十二冊《殯葬學科叢書》問世，整套叢書共規劃有六輯二十四冊。負責策劃該套叢書的上海殯葬文化研究所主編朱金龍指出：「本套叢書在總體設計上有兩個特點：一是涵蓋面寬；二是比較實用。前者，這套叢書涉及了殯葬的方方面面，對殯葬文化倫理、殯葬經營管理及各種服務形式等，都有全面、深入和精闢的論述……；後者，這套叢書緊密結合我國殯葬行業的實際，有針對性地對當前出現的問題，提出了切實可行的政策思路和措施建議……。」（朱金龍，2004：3）在叢書

殯葬倫理學

第五輯規劃有《殯葬學導論》一書，至今尚未出版；但其內涵相信與前述「兩類三論」中，具概論性質的理論殯葬學相近。以理論殯葬學為綱，開展出應用殯葬學的分別項目，從而構成一套完整的殯葬學理與實務論述，將有助於推動殯葬改革，提升服務品質。

　　同樣為推動殯葬改革，臺灣的作法是積極落實證照制度，以及配套的教育訓練。我身為哲學學者，十餘年前自應用哲學中的人生哲學和生命倫理學走向生死學，自然會碰上殯葬議題。近年由於因緣際會參與規劃殯葬證照制度，進而發心建構殯葬基本與應用學理，同時推廣殯葬專業與通識教育，我先後著有《殯葬學概論》、《殯葬生命教育》及《殯葬與生死》三種專書。在我的構想裡，殯葬學需要分化為殯葬衛生學、殯葬管理學、殯葬文化學三方面來講，其重點分別落在遺體處理、事業經營及禮儀民俗等具體操作的活動上，而它們的知識基礎則涉及自然科學、社會科學、人文學三大領域。從行業屬性看，殯葬無疑歸於服務業，而服務業主要建立在人際關係的融洽上，亦即「和為貴」，這點在華人社會正是倫理的根本關注。此外華人殯葬活動所反映的孝道表現，也是重要的倫理課題。凡此種種，皆與民族文化緊密關聯，殯葬倫理學從而可以納入殯葬文化學來討論。

　　作為第一階獨立學科的殯葬學，依其全方位知識性考察，形成衛生、管理、文化等三方面的二階分支學科，其中殯葬文化學還能夠再細分為歷史文化、思想文化、禮俗文化等三階議題。殯葬倫理學具有哲學內涵，理當列入思想文化部分。由於受到全球化的衝擊，西方思想潮流不斷湧入華人社會，目前我們正在接受「後現代主義」的洗禮。對此我有所反思：「後現代思潮為人生帶來最大的啟示便是『海闊天空』，也就是可以打破傳統、追求多樣、不斷創新。以殯葬文化為例，……我們可以在保留『孝思』的情況下改革『孝行』，父母之喪只要莊嚴肅穆、善

盡人意即可，沒有必要舖張及厚葬。」（鈕則誠，2006：152）西風東漸百餘年，如今臺灣民眾的生活形態大致已經全盤西化，引入西方思想的菁華作為改革創新的動力亦無不可，但是要注意文化認同不能混淆。

文化認同是一個民族存亡絕續的命脈，但這並不意味我們必須墨守成規、一成不變。就以守喪為例，古人失去至親，立即辭官返鄉守喪三年，這在現今幾乎不可能實現。但是如果能學習日本人的作法，把徹夜守靈當作一次溫馨的追憶過程，仍然足以告慰亡者在天之靈。華人一向看重人倫孝思，大陸殯葬教育推手王夫子教授，於其《殯葬文化學》一書中，語重心長地表示：「在殯葬改革的總原則上，應當是：既能寄托我們的哀思，不忘先人創業、哺育之艱難，又不破壞自然生態的平衡，給後人留下一個更美好的生存環境。殯葬的操辦以不破壞自然生態平衡和正常的社會生活為前提，死後隆喪厚葬不如生前恭敬贍養。」（王夫子，1998：607）這是對於「厚養薄葬」的倫理反思，具有深切的時代意義和文化底蘊，值得大家認真考量並且身體力行。

第三節　作為應用倫理學的殯葬倫理學

殯葬倫理學包含殯葬與倫理兩個面向，其中殯葬面向以殯葬文化為主要關注，兼顧殯葬管理和殯葬衛生；倫理面向則屬於應用倫理的一環，涉及企業倫理、環境倫理與生命倫理，此即全書〈本論〉的主體部分。換言之，本書實根據應用倫理學的基本架構而書寫；但是應用倫理學畢竟為西方學問，如果要融入中華本土文化，就需要在倫理議題的哲學基礎上加以轉化。在這方面，本書將討論中國的管理哲學、宇宙哲學以及人生哲學跟殯葬事物的關係。在知識分類中，倫理學歸為哲學的重要分支之一；既然哲學有西方和中國之分，倫理學自不例外。作為應用倫理學的殯葬倫理

學之建構，是一系由外來思想向中土學問轉化的過程。西方應用倫理學自一九八○年代後迅速發展，如今已滲入各種實務領域，形成諸如醫療倫理、教育倫理，甚至工程倫理、資訊倫理等跨界論述，殯葬倫理正是在這個背景下開始提倡。

殯葬倫理學在海峽對岸先行了一步，二○○四年上海殯葬文化研究所策劃出版《殯葬學科叢書》，六輯二十四種陸續付梓，其中《殯葬倫理學》一書即扣緊應用倫理學而發。大陸學者的理解是：「和以往書齋裡的、純理論性的倫理學不同，應用倫理學的理論和應用相輔相成，其理論一部分來自於以往的倫理學，另一部分來自於具體生活中，反過來，這些理論又在實踐中得到檢驗。殯葬原本是一個不自信的躲在陰影裡的行業，但是隨著中國經濟、科技、文化的發展，……這個古老的行業在中國煥發出勃勃生機。……當原有的倫理學面對殯葬業中一系列嶄新的挑戰束手無策之時，殯葬倫理學就摩拳擦掌、躍躍欲試了。」（孔娜，2004：15－17）由此可見，應用倫理學的活水源頭乃是對現實生活的倫理反思與改善，這其實正是倫理學的本意，只是學者逐漸把路走窄了，才有相對於純理的「應用」之提法出現。

對於應用倫理學的來龍去脈，在地學者言簡意賅地概述：「進行倫理判斷或道德評價，乃是普遍於人類的一種活動。……達爾文指出，人與其他動物之間最明顯的區分或許即在於道德感之有無。……道德原理並不複雜，但是，……隨著現代社會的愈形複雜，倫理議題的處理也隨之愈形超出直覺和常識的層次。也因此，在西方倫理學的發展史中，很特殊地在當代興起了一門應用倫理學。……在發展過程中，應用倫理學因應不同的專業與專題而衍生眾多分支，其中最主要的是三支：環境倫理學、商業倫理學和生命倫理學。」（朱建民，2005：Ⅱ－Ⅲ）殯葬活動同時牽涉到自然面的遺體處理與環境保護、社會面的政

策落實與商業行為，以及人文面的生命禮儀和風土民俗，作為應用倫理學的殯葬倫理學，首先要做的即是扣緊當前應用倫理的脈動而入門，亦即依照應用倫理學的框架來建構殯葬倫理學。

　　哲學作為一門學科的內容，大致不脫理則學（邏輯）、形上學、知識學（認識論）、倫理學、美學、哲學史等分支學科，其中與人生直接相關、最有實踐意義的便是倫理學；其餘在外人看來，皆屬「談玄說理」的抽象學問。問題是倫理學長期列為哲學的一支，也不免走向純理化、抽象化的境地。這點在二十世紀尤其嚴重，嚴重到連哲學家自己都看不過去，乃有「實踐倫理學」的重新認定：「實踐倫理學，即如何把倫理或道德……應用於實踐問題。……關於倫理要說的第一件事就是：倫理並非只是有關性問題的特殊禁令。……關於倫理要說的第二件事是：倫理並非一種在理論上高尚、在實踐上無益的理想體系。……關於倫理要說的第三點是：並非只有在宗教信仰的背景下，倫理才是可以理解的。……要否定的第四個、也是最後一個關於倫理的論斷是：倫理是相對的和主觀的。」（劉莘，2005：1－4）

　　西方哲學家對於倫理議題的考察，為東方的我們深有啟發，正好可以藉此反身而誠。以上述四項議題而言，性革命在西方世界橫掃之餘，不可避免會衝擊到東方社會；臺灣是以在高中開授「性愛與婚姻倫理」一科來因應，但並非為傳達禁令。而強調倫理生活的實踐意義，正是中華文化的優良傳統，卻也不失為人生的高貴理想。至於無關於宗教信仰的倫理道德，更是華人倫理生活的特色。不過認定倫理是否絕對客觀或相對主觀，仍有待商榷。畢竟倫理並非物理，有些可能屬於共通人性的反映，有些則體現出環境影響和文化差異，不能一概而論。本書探討華人殯葬倫理學的可能，主要圍繞著在地處境而發。臺灣正在積極推動殯葬改革，希望落實證照制度，殯葬倫理已經被列為政府所舉辦的教育訓練及技能檢定基本項

目。既然擁有如此廣闊發揮空間，我認為倫理關懷不能淪為紙上談兵，而是要做到真正推己及人。

第四節　向華人應用哲學求緣

殯葬倫理學由殯葬學和倫理學交織而成，尤其是殯葬文化學與應用倫理學的整合。中華文化長期以來深受儒家思想影響，十分看重生活禮數及人倫關係，由此構成親疏等級的人際網絡，不得出現混淆。受此影響，華人社會的殯葬活動雖然行禮如儀，卻見繁文縟節；行業拉攏關係，卻見違法亂紀。這些都需要殯葬倫理的提倡，以及殯葬法規的落實。一般而言，倫理較為內在，動之以情意；法規偏重外在，約之以法理。本書既以倫理為主題，自當歸於情意教育；但是情意仍然不失講理，甚至可以說，講理是一種高度情意的表現。倘若情意代表情感的發散，理性則反映心智的收斂，這些皆屬生活裡不時要做的抉擇。人生由一連串抉擇連綴而成，法理情意在其中缺一不可，更應避免有所偏廢。對此我的作法是讓殯葬倫理回返其哲學根源，向華人應用哲學求緣。

「華人應用哲學」的提法，是我在二○○四年撰寫《教育哲學》一書時，藉由其他教育哲學學者的分析而有所體認：「教育哲學……的意義與內容有兩個層面。一方面它是哲學的分支領域之一，它的內容除了與哲學上其他主要分支領域……相重疊之外，它一如政治哲學、社會哲學、經濟哲學等，同樣屬於應用哲學……的範圍，關心在教育範圍內的哲學層次問題……。」（黃藿，2002：11）教育、政治、經濟、社會等，都是人們生活的一部分，如果對焦於這些生活內容的哲學層次問題屬於應用哲學，那麼關注於整個生活的人生哲學，更有理由列入應用哲學來推廣。跨學科的哲學探究，在十七世紀「科學革命」以後，由哲學衍生

出各種科學分科時便已經展開；但是以「應用哲學」為名加以統整，則是應用倫理學興起以後的事情。哲學過去一向予人不食人間煙火之感，如今藉著強調「應用」而走向實踐，可說是「物極必反」。

應用哲學和應用倫理學同樣屬於外來論述，標榜出「華人」二字，一方面希望為己所用，一方面也意味思想轉化，亦即把帶有中華文化底蘊的思想，視為「華人應用哲學」。我對此有所引伸：「『華人應用哲學』，其哲學內涵為『中國人文自然主義』，希望在當前華人社會提倡『儒陽道陰、儒顯道隱、儒表道裡』的『後現代儒道家』思想，以培育『知識分子生活家』的理想人格，此種人格具有『後科學、非宗教、安生死』的特質。」（鈕則誠，2005：11）其中彰顯儒道二家思想，正因為它們是完全生成於本土的人生哲學價值系統，雖然經歷兩千多年的洗練，到如今仍然足以影響華人的生命情調之抉擇。人生不脫生老病死，大多數人對死亡都相當執著，凡事參不透、想不開，甚至嚮往「死後生命」，使得殯葬活動背負了相當沉重的任務。儒道二家思想的最大特色便是「現世主義」，亦即鼓勵人們活在當下，此乃十分健康的想法。

殯葬學的形成受惠於生死學的流行，首先提出「生死學」之說的哲學與宗教學者傅偉勳指出：「儒家倡導世俗世間的人倫道德，道家強調世界一切的自然無為，兩者對於有關（創世、天啟、彼岸、鬼神、死後生命或靈魂之類）超自然或超越性的宗教問題無甚興趣，頂多存而不論而已。……儒道二家的生死觀，基本上硬心腸的哲理性強過於軟心腸的宗教性，這當然不等於說，它們不具有宗教性。不過它們的宗教性本質上是高度精神性，而不是彼岸性或超越性的宗教性。」（傅偉勳，1993：156；173）此乃持平之論，對生死學與殯葬學的開展頗具意義，可視為華人應用哲學的基本立場。臺灣的殯葬改革其實意味著一整套的心靈重建，也就是要在觀念上打破禁忌，推陳出新。死亡原本為自然而

然之事,奈何在盲從誤導之下,竟演成似是而非、積非成是;與其緊密關聯的殯葬活動,更出現徒具形式的繁文縟節,完全失去慎終追遠的真義,亟待從心救起。

　　殯葬倫理學對殯葬理論與實踐具有指標性地位,它回頭受惠於華人應用哲學的指點,肯定如下的大方向:「在中國儒道二家,哲學與宗教的分際並不顯明。我們不妨就哲學與宗教融成一片的一點,暫且規定足以分別代表中國人的生死觀的儒道二家,為志在建立具有高度哲理性的生死智慧的一種『哲學的宗教』或『智慧的宗教』,而與大乘佛學爭長競短,有別於西方單一神論的『啟示宗教』。」(傅偉勳,1993:112)此處表示華人在信仰層面存在著儒道思想與佛教信仰分庭抗禮的長久傳統,它反映在當今的殯葬活動中,便是對哲學性的「現世主義」抑或對宗教性的「來世主義」之重視。上述「哲學的宗教」或「智慧的宗教」,其實意指哲學的或智慧的信仰。「宗教」與「信仰」在華人社會並非同一回事,像普及流行的民俗信仰便不算宗教。但無論如何,殯葬文化必須在應用倫理的導引下,減少宗教的影響,如此改革才有希望。

結　語

　　「殯葬改革」在海峽兩岸不約而同地被提出,並且積極實踐。改革意味去蕪存菁、推陳出新,這就牽涉到針對社會大眾心目中價值觀念的破與立,主要的希望還是落在教育身上。殯葬目前是一門明顯的營利行業,正在通過證照制度走向專業化,教育訓練必須包括業者和消費者雙管齊下,方能見諸成效。殯葬教育不止要說理,更須動之以情,也就是讓消費行為與人際關係得以潛移默化,這正是殯葬倫理發揮所長之處。殯葬倫理涵蓋了企業倫理、環境倫理、生命倫理等各方面的議題,是應用倫理學在

專業實務應用上的最佳例證。本章嘗試為殯葬倫理學定位，將之從應用倫理學銜接上華人應用哲學，最終是想落實在傳統儒道兩家思想的後現代融通與轉化上，嘗試開創出一套合情合理的人生觀，以有效推行輕死重生、厚養薄葬的健康生活態度與殯葬文化。

課後反思

一、殯葬過去是一門幾乎沒有門檻的行業，雖然人們多所忌諱，但是入行相當容易；如今面臨政府推動改革、落實證照制度，難免引起業者不安。請對此加以反思與建言。

二、殯葬倫理學雖然屬於殯葬文化學的一個支脈，但其內容並不局限於文化活動，其他諸如環保與衛生、政策與管理等方面的探究，皆可列入其中。請就此多所闡述。

三、源自西方，近年備受矚目的應用倫理學，主要針對企管、環保、醫療三大議題而發，本書即以這三大議題為基本結構，並進行本土轉化。請對此一設計加以評論。

四、殯葬是一種文化底蘊深厚的行業，本書嘗試建構華人的殯葬倫理學，乃向倫理學的哲學基礎求緣，拈出古典儒道二家思想為活水源頭，將之轉化為後現代殯葬觀。請予以進一步詮釋。

參考文獻

孔　娜（2004）。〈緒論——倫理和殯葬倫理〉。載於何兆珉、陳瑞芳編著
　　《殯葬倫理學》（頁3－33）。北京：中國社會。

王夫子（1998）。《殯葬文化學——死亡文化的全方位解讀》。北京：中國社
　　會。

朱金龍（2004）。〈主編的話〉。載於何兆珉、陳瑞芳編著，《殯葬倫理學》
　　(頁話1－4）。北京：中國社會。

朱建民（1998）。〈應用倫理學、專業倫理學與專題倫理學〉。《應用倫理研
　　究通訊》，5，1－3。

朱建民（2005）。〈序〉。載於朱建民、葉保強、李瑞全編著，《應用倫理與
　　現代社會》（頁序Ⅰ－Ⅲ）。臺北：空中大學。

余錦波（1997）。〈倫理與道德〉。載於陶黎寶華、邱仁宗主編，《價值與社
　　會（第一集）》（頁3－13）。北京：中國社會科學。

傅偉勳（1993）。《死亡的尊嚴與生命的尊嚴——從臨終精神醫學到現代生死
　　學》。臺北：正中。

鈕則誠（2005）。《教育學是什麼》。臺北：威仕曼。

鈕則誠（2006）。《殯葬學概論》。臺北：威仕曼。

黃　藿（2002）。〈何謂教育哲學？哲學對教育的功用〉。載於黃藿、但昭偉
　　編著，《教育哲學》（頁1－22）。臺北：空中大學。

萬俊人（2003）。《義利之間——現代經濟倫理十一講》。北京：團結。

劉　莘（譯）（2005）。《實踐倫理學》（P. Singer著）。北京：東方。

鮑　元（2003）。〈應該有一門「殯葬學」〉。載於上海殯葬文化研究所編，
　　《上海國際殯葬服務學術研討會論文集》（頁383－389）。上海：上海
　　殯葬文化研究所。

心靈會客室

殯葬業與倫理

　　我從大學部到博士班總共念了十年哲學，至今過著「哲學即生活」的日子已有三十四年，哲學裡面有一門分支學科倫理學，在學校念過許多回，但多半在談玄說理、紙上談兵。後來我有機會進入護專和醫學院兼課，開始撈過界去談人家的專業倫理，才發現自己所學甚淺、孤陋寡聞。原來我在哲學書齋故步自封之際，西方國家卻不斷把倫理學的觸角伸向各行各業以及生活的方方面面。一九八〇年代末期，我拿到學位往外頭謀職，結果進入商業專科學校教書，徹底跟哲學脫了節。我一度以此為憂，沒想到這竟然是生命中的重大轉折，它讓我有機會跨界演出，形成個人學術教育生命的大豐收。在正式任教的近二十年間，我念過企業管理研究所，還參與了生死學的建構，到如今這些非哲學性的學問，竟然意外地指向殯葬管理；且令我重新用哲學的觀點，去考察一門極具爭議性的行業。

　　說殯葬業具有爭議性，並非質疑它的存在，而無寧是說它相當容易引起人們談論，同時不免產生疑慮。理由可想而知，不外是跟死亡糾纏不清。人們大都怕死，殯葬卻完全以死亡相關事物為業，難怪大眾望而卻步。問題是每個人的生活都少不了它，這才真的會令人心生不安。作為社會上不可或缺的服務業之一環的殯葬業，如何讓人們消除疑慮不安的心理，進而創造優質服務？這正是一項必須正視的倫理問題。以前老師教給我們許多倫理原則和規範，這些都很有意義；只可惜忘記告訴我們，倫理必須落實在人倫關係之中，以致讓一群愛好智慧的哲學學子見樹不見林。好在我這二十年來始終屬於哲學邊緣人，無法安於象牙塔中優游自得，必

須面對純理學問以外的各種疑難雜症，尤其是人們貪生怕死所帶來的驚恐難安，這又構成了另一項倫理問題。

　　總而言之，殯葬業者在執行專業中，不時要面對雙重的倫理情境，一是行業的內部如何自律，另一則是如何有效地與消費者互動。眼前臺灣的殯葬業正要步入證照制度，首先上場的「喪禮服務技術士」技能檢定，以及未來的「禮儀師」教育訓練，都把殯葬倫理列為考試和教學項目，這對我從事相關的教學研究活動，當然會產生正面效應。但我堅決反對「考試引導教學」的途徑，同時積極向業者曉以「爭一時也爭千秋」的大義。殯葬倫理絕非「蔣光超（講光抄）、貝多芬（背多分）」式的考科試題，而是殯葬業永續經營發展的重要法門與核心競爭力。既然殯葬業以服務為目的，便與人脫不了關係，而倫理講究的正是人倫與人際關係。推行殯葬倫理，就是落實殯葬管理。看似無用的哲學，在此其實大有所用，我對此始終寄予厚望。

【本　論】

第一篇

企業倫理議題

第二章　管理哲學與殯葬

　　自本章起進入全書〈本論〉部分，第一篇探究企業倫理議題，首先討論管理哲學對殯葬的影響。管理哲學一方面代表企業組織的經營管理觀點，一方面也反映出各種具有哲學旨趣的管理議題；若將前者納入後者來看，則管理哲學和企業倫理都屬於哲學性的管理議題，管理者必須去面對它們並做出決定。由於殯葬屬於服務業，且涉及死亡與哀傷，與人倫息息相關，因此具有深厚文化底蘊，必須中西兼顧，無所偏廢。本章分別考察西方及中國管理哲學與殯葬業的關聯，同時在「新中體西用論」的方法學綱領指引下，提出結合西方科技精神與中國哲理思想的殯葬管理大方向，亦即「後科學、非宗教、安生死」。若想就此加以落實，必須對業者與消費者雙管齊下，實施殯葬生命教育。

引　言

「殯葬」二字雖然表面上看似僅指「出殯」與「安葬」二事，其實泛指人們去世的後事料理的一切活動；在《殯葬管理條例》中，將之分為殯葬設施的設置與經營、殯葬服務，以及殯葬行為等方面，硬軟體無所偏廢。各種殯葬活動皆與人息息相關，而活動發生處所又無逃於天地之間，因此對於天、人、地「三才」的關係，都必須妥善處理。如今殯葬活動幾乎完全交給業者打理，而殯葬業在本質上與一般企業並無差異。作為一門營利的服務業，殯葬既要落實企業管理，更須講究企業倫理。本篇討論殯葬的企業倫理議題，將以三章篇幅，先由更大範圍的管理哲學談起，再從西式的殯葬企業倫理，逐漸轉化建構出中式的殯葬服務倫理，以適用於華人社會大眾。管理哲學在此表現為一種應用哲學，不在談玄說理，而是為企業經營管理樹立宗旨，並且保持著批判的態度。

第一節　企業倫理學與管理哲學

依學理的基礎看，企業倫理學可說是屬於管理哲學，而管理哲學的範圍實際上較企業倫理學大得多。管理包括公部門的公共行政管理、私部門的企業管理，以及第三部門的非營利組織管理；哲學的核心部分至少包括形上學、知識學和倫理學三科；由此可見，企業倫理學只及於管理哲學的九分之一。但這乃是根據知識分類的形式化觀點，企業倫理學與管理哲學的關係，其實有著更深刻的內涵聯繫；它最有意義和價值之所在，正是一種理想的、理性的批判精神。殯葬倫理涉及一門營利事業和一套人倫關係；理想的營利事業應該兼具公益性質，理性的人倫關係最好強調厚養薄葬。本書寫作的全部理念盡在於此，也就是引領讀者在「義」與「利」之

間，以及在「生」與「死」之間，做出合乎情、理、法的思考與抉擇。

　　往深一層看，「管理哲學」可說是多元的概念，比照我過去對「教育哲學」的分析（鈕則誠，2004），它至少可以表現為四種取向：為管理的哲學、管理中的哲學、關於管理的哲學，以及管理學哲學。其中第二和第四種意義的管理哲學，分別處理管理作為科技性實踐與科學知識的哲學分析，哲學分量較重，在此不予深究，而針對另兩種意義加以引伸。所謂「為管理的哲學」多指管理理論，亦即建立在先驗基礎上的思辨性管理觀點；而「關於管理的哲學」乃反映出具有哲學旨趣的管理議題，企業倫理即屬之。本書並非直接討論管理活動，主要關注的是在管理活動中所蘊涵的倫理問題，因此論及管理哲學，是將第一種意義融入第三種之內，例如管理理論有中西之分，我便據此把企業倫理分為西式與中式兩方面來探究，進而重新肯定「中學為體，西學為用」。

　　「中學為體，西學為用」的提法，源於清朝末年的思想反芻與行動探索，目的是為救亡圖存：「『中體西用』是中國近百年來，在西方文化衝擊和經濟侵略形成的高壓下，所反應的主要思想模式之一。這種思想上的綜攝作用，是十九世紀中葉以後，非西方國家要求現代化的過程中的一個相當普遍的文化現象。也許是因為這一思想模式在中國一直保持著強大勢力，因此不斷引起爭論。如果我們對文化認知的水平不斷提高，這類的爭論是很容易過去的。」（韋政通，1977：216）此一觀點長期被視為故步自封的保守立場，與之相對的乃是「全盤西化」。華人世界經歷了上百年的西化洗禮，到如今固然在經濟生活上有了長足的改善，但是文化底蘊卻逐漸萎縮、動搖；尤其是人文社會科學方面的學術研究，更是徹底被殖民化，亟須建立一套後殖民論述。

　　積極提倡學術本土化的社會學者葉啟政，在其退休感言〈臨別前

的告白〉中，有感而發地表示：「或許，今天的臺灣不能再自稱是一個邊陲社會了，特別就經濟的角度來看，但是，就學術發展而言，我一直認為，我們還是一直讓自己處於邊陲的地帶，幾乎絲毫沒有力圖突破的跡象。……林林總總的改變之中，卻有一樣是不變的，那就是一切緊跟著西方流行的主流學風走。」（葉啟政，2007）眼前我們要討論的企業倫理學和管理哲學，主要都是西方學者在提倡，對其擷取而善用之，肯定對我們有利。但是我所主張的善用「西學」，是將之轉化擴充為具有主體性的「中學」，以免產生不相應。例如西方人強調個體自主，中國人主張謹守孝道，以「中體西用」來融會貫通，至少做到「無忝爾所生」，方能無所偏廢。這並非保守念舊的作法，而是不忘本。

重新提倡「中體西用論」有我的用意：「受到清末前現代『中體西用』次殖民論述的啟蒙，通過百年現代化洗禮，如今拈出後現代『中體西用』後殖民論述可謂饒富意義。這意味著中華民族文化主體性的『意識覺醒』。『主體性』概念原本屬於現代產物，西方人不再看重它無可厚非，但是在後現代華人社會依然有其堅持的必要。畢竟中華文化長期受到西方文化宰制，主體自覺是文化救亡圖存的必要途徑。」（鈕則誠，2005：17）殯葬改革要想順利成功，靠的就是人們的「意識覺醒」；意識一旦覺醒，始能去蕪存菁，推陳出新。殯葬的企業倫理學與管理哲學倘若採取「新中體西用論」為方法學綱領，相信就能夠有效通過殯葬教育以進行殯葬改革。政府藉由證照考試以遂行革新，考試非得要讀書，而讀書可以變化氣質，從而讓殯葬業改頭換面。

第二節　西方管理哲學與殯葬

　　從事殯葬工作的人員多自稱或被稱為「業者」，近年在臺灣有「傳統業者」與「新興業者」或「大型業者」之分；前者多屬小型葬儀社，後者則見於中大型殯葬公司，且喜以「生命事業」或「生命科技」為名。大型業者的出現，讓小型傳統業者倍感壓力，乃亟思改善之道。傳統業者的救亡圖存之道不外落實企業管理；臺灣的殯葬業過去弊端叢生，問題正出在管理不足。業者多憑經驗辦事，但由於為民生所必需，因此不怕沒顧客上門。現在情況不同了，一方面有大型業者到處設點形成競爭，一方面又面臨政府實施證照化以促使產業升級。作為傳統產業的殯葬業，如果能夠藉此機會步上管理途徑，化危機為轉機，則對業者和消費者而言，都不啻為一大利益。管理最簡單的定義即是：善用有限資源，使其產生最大效益。任何一個組織的經營宗旨，皆可視為其管理哲學。

　　管理哲學通常隱而不顯，有時甚至不為管理者所喜，卻對企業組織不可或缺：「企業在經營管理中需要提出一種基本的思考態度。由於哲學被認為是一種思維基礎，因此管理哲學在企業的經營管理的具體過程中是存在的，在更多的場合下也被稱為管理理念。但對於大多數企業來說，管理哲學主要是一種形象設計，是用來對外宣稱的。因為某些企業的管理者從內心中並不樂意哲學的滲透，他們只是覺得，管理哲學是一種似乎有必要但卻不知道為何有必要的東西，是一種程序性的內容，是一種表明自己的能力和理性從而也提高本企業穩定性形象的工具。」（袁闖，2005：17）用簡單的話來講，企業體現自身的管理哲學，其實是在創造價值。像有家航空公司為提高載客率，就提出「以客為尊」的口號；殯葬業為人料理後事，大可宣傳自己能為消費者帶來「無後顧之憂」的好處。

　　前面提到，管理的目的即是善用有限資源，使其產生最大效率。因此有些原先只憑經驗辦事的小型業者，一旦決定推行管理，便想到產生最大效率就是創造最大利潤，而忽略了不斷創新價值的重要。我建議大家認真地思索「爭一時也爭千秋」的道理：「要創新並創造新價值，一個企業通常會需要一定程度上的效率降低——犧牲一些效率，即把資源分配到那些不能立即產出最高回報的事務方面。因為在通過現存的活動獲取最大的產出與寧願犧牲短期效率以投資於創新這兩者間存在著內在的衝突。即使開創性的創新在剛開始時對比現行事物來說也不一定具有優勢，只有時間才能使它達到預期目的。」（李煒，2002：223－224）傳統業者對此的具體作法，應當是進行策略規劃，並且持續推動研究發展。這一切都深具科學精神，也是西方管理哲學的特色，值得殯葬業者學習效法。

　　在從事策略規劃與制定之前，必須先瞭解其意義：「何謂策略？策略是指企業的形貌（包括經營範圍與競爭優勢等），以及在不同時點間，這些形貌改變的軌跡。我們可以用一句十分通俗的話形容策略制定的意思，策略制定就是：——檢討現在企業是什麼樣子？——將來想變成什麼樣子？——為什麼要變成這個樣子？——今天應採取什麼行動，才可以從今天的樣子變成未來理想的樣子？」（司徒達賢，1995：32－33）這句言簡意賅的解釋，對於競爭激烈的殯葬業者而言，多少有醍醐灌頂的啟發效果。從行業發展上看，過去殯葬業比較有機會坐享其成，如今卻需要力行改革創新，方能稍有所成。我自二〇〇三年起，即參與針對臺北市四百多家殯葬業的評鑑工作，發現不少傳統業者因為不堪改革的衝擊而停業。可見「不進則退」的趨勢，已深深影響及殯葬業。

　　策略管理要求領導者思慮企業經營的遠景，並向組織員工提供

願景。事實上，政府通過制定政策與法規，以管理殯葬的事與物，也在向全民提供願景。《殯葬管理條例》總說明即載有：「為配合建設臺灣為綠色矽島之願景，應在人文生態、知識經濟發展及社會公義之架構理念下，規範殯葬設施、殯葬服務及殯葬行為。」其中言及人文生態、知識經濟、社會公義三大理念，與本書所引介的環境倫理、企業倫理、生命倫理等應用倫理三大面向彼此呼應。以知識經濟而言：「靈活性、適應性、反應能力和快速革新能力——它們正日漸被看作知識經濟中『最佳』組織結構的要素。」（王珺，1998：223）有前瞻性的業者，如果能夠積極通過知識管理以參與知識經濟，進而建構知識社會，就是與最先進的西方管理哲學接軌，將會在殯葬業中立於不敗之地。

第三節　中國管理哲學與殯葬

　　如果西方管理哲學反映出來的，是一種向最新科學技術靠攏的管理形式；那麼中國管理哲學的特色，便是向古老思想文化求緣的管理內涵。把前現代、次殖民的舊式「中體西用論」，轉化為後現代、後殖民的「新中體西用論」，並非新瓶裝舊酒，而是辯證地揚升。自十九世紀中葉鴉片戰爭以後，中國一方面遭受西方帝國主義侵凌，一方面內部陷入顛沛困頓，歷經一百五、六十年，至二十一世紀始見以大國之姿「和平崛起」，如今已成為世界第三大經濟體，僅次於美國和日本。不管政治上的主權爭議如何，臺灣在文化上仍屬漢民族文化生衍之地。殯葬是深具文化底蘊的活動，即使在大幅產業化之後，已走向企業組織的規模，仍然不能無視於中西文化差異所形成的各種正負作用。涉及文化的管理哲學，體現出組織成員對於「管理」這件事的信念與價值觀。

當前兩岸先後加入世界貿易組織，且都已歷經一定的過渡時期，勢必要接受全球化自由貿易的遊戲規則。在全球化的趨勢下，西方大型殯葬業者有可能挾其雄厚資金進入華人市場。從市場規模來考量，臺灣每年死亡十四萬人並不夠吸引外資，大陸的八百五十萬死亡人口才是驚人數字。過去大陸殯葬市場保護主義濃厚，中央及地方政府具絕對支配力量，不是「全民所有」就屬「集體所有」，相對於此則是力不足恃的「個體戶」。但是在改革開放的風潮下，經濟逐漸轉軌，落實政企分離，民間資金和外資有了用武之地，陸續有臺商到對岸去卡位。兩岸殯葬文化基本相通，若市場充分開放，並無進入障礙。而西方國家業者也可以經由跟臺灣業者策略結盟的方式錢進大陸，擁抱全球最可觀的「後事」市場。討論中國管理哲學與殯葬的關係，理當由此切入。

考究中國管理哲學並非閉門造車，而是正視跨文化管理，它有如下的作用：「關於誰是恰當的管理者、什麼是管理和什麼是任命成功的信仰，根本上是與什麼是重要的和值得注意的價值觀相聯繫的。……試圖看清本質的世界觀，使我們可以更好地理解什麼被重視和什麼被認為是真實的基本原理。深入的挖掘引導我們達到基本的假設。」（石永恆，2002：46－47）處理管理中的文化差異之作法，乃是「異中求同，同中存異」。殯葬業同時面對組織內部的「人和」問題，以及組織外部的「民俗」問題；這兩種問題在文化相通的臺灣與大陸之間，同樣存在著不同程度的差異性，更不用提跟西方業者的分別了。本書引介殯葬倫理學，由殯葬業的管理哲學講起，目的是引領業者從本身的管理觀開始反省改善，管理觀可以兼顧西方科技式與中國哲理式兩大類型，以下來看中國式管理。

中國式管理的重點在於「人」，精神則歸於「仁」；「仁」字由「二人」組成，即指兩人以上的人際關係。組織內部的人際關係形成

企業文化，其進一步發展可作如是觀：「一切企業管理的現象及問題都將歸結於企業文化，而企業文化的根源在於中國傳統文化。中國企業的人力資源管理，最缺的就是如何將中國的用人之道與西方的用人之術相結合，這個道，我們可以用『仁』字來總結。仁本管理是人本管理的進一步躍升，其不僅僅在於關注員工的相關物質激勵，更要求從企業文化的角度上賦予企業管理者更多的使命和職責。」（葉生、陳育輝，2005：Ⅱ）我曾指出，殯葬的資源管理涵蓋了人、事、時、地、物；地與物是硬體管理，事與時屬軟體管理，人則為居中善用軟硬體資源的平臺與介面；其本身的人力資源管理，可視為整個管理活動的核心價值（鈕則誠，2006）。

孫中山說過：「國者人之積，人者心之器。」人力資源管理既然很重要，也就有可能影響及國家的興衰；反向來看，古代治國之道，多少也有值得後世企業管理學習之處：「商業企業是當今社會占主導地位的組織形態。在競爭的市場上，一家企業要生存和發展，就得有效率；而要有效率，就得解決好……一切基本的管理問題。但仔細想像，這些問題古人在管理國家的時候早就遇到了。……中國古代政府的管理體制一定有許多可供今天的企業管理者學習和借鑒的地方。我們不能只從國外引進管理知識，我們必須發掘中國古人的管理智慧；不僅要洋為中用，而且要古為今用，推陳出新。」（張維迎，2005：序2）這是北京大學管理學院院長的看法，代表著一種對「中體西用」的中國管理哲學之認同態度，值得我們反思再三。

第四節　結合科技與哲理的殯葬管理

企業倫理是企業組織成員對內及對外的人倫關係，管理哲學則屬企

業管理者的管理觀，包含對企業倫理的安頓在內。殯葬倫理學在殯葬行業管理方面，適於用企業倫理及管理哲學的觀點去建構；其他涉及殯葬設施、殯葬服務及殯葬行為等方面，則在第二、三篇內，通過環境倫理與宇宙哲學，以及生命倫理與人生哲學等，分別加以闡述建構。由於殯葬主要歸於服務業，因此不但要落實企業倫理，更要論及服務倫理。然而這乃是後兩章的主題，現在先回到管理哲學。我在本章中，嘗試結合西方科技精神與中國哲理思想，融會出一套管理哲學，提供給從事殯葬管理工作的人員參考。我對殯葬倫理學知識建構所採取的方法學綱領，即是後現代、後殖民的「新中體西用論」。它具有「後科學、非宗教、安生死」的特質，相當適用於殯葬相關論述。

　　什麼是結合科技與哲理的殯葬管理？答案要朝上述「後科學、非宗教、安生死」三方面去思考。「後科學」是指站在科技背後去指引它、善用它、批判它，而非為其所擺布利用。舉例來說，我相當贊成殯葬管理採用資訊、電信、傳播三合一為工具，但是千萬要避免見樹不見林。在此必須區別資料、資訊與知識的不同層次：「知識具備普遍的律則性，透過概念系統來顯示真實世界的結構。資訊則是一套符號系統，在約定俗成的規例下，記錄消息，傳遞資料。自然，吾人可以把律則性的科學知識加以資訊化。但資訊化的科學知識只是資料記錄，卻並無認知真實的意義。」（成中英，1990：7）殯葬改革應當從資訊管理走向知識管理，許多業者卻以為只要做好資料處理就已足夠，這便犯了見樹不見林的弊病，需要放大視野，重新從心改革起

　　「後科學」教大家「御物而不御於物」，殯葬業者可以充分利用電腦網路和手機通訊，卻不必圍著它們團團轉。服務業的重點是與人親近、待人以誠；而在殯葬活動中，業者更應該伺機對消費者進行潛移默化的移風易俗之努力，也就是「非宗教、安生死」。其中「非宗

教」並非否定宗教，而是少談甚至不談宗教。我對此有所闡述：「人源於大化自然，在對自然世界有了深刻瞭解後，領悟到自身的有限性，便得以樂天知命，自然而然地活著。此刻不需要天堂，更無視於輪迴，完全沒有『死後生命』的困擾……陷溺在『死後生命』的泥淖中無異自尋煩惱，但這正使得宗教信仰大有用武之地。我當然不願意像無神論者那般排斥宗教，或視之為迷醉人心的事物，只希望對之存而不論。」（鈕則誠，2007：29）

「後科學、非宗教、安生死」乃是一整套華人應用哲學思想，落實下來即成為華人生命教育。我曾加以發揮：「華人生命教育標榜『後科學、非宗教、安生死』的特性，前二者為前提，後者係結論；其中『後科學』指向人性本質觀，『非宗教』反映人生價值觀，『安生死』則屬於生活實踐。……在所有的生活實踐中，為自己料理後事的態度，最能看出一個人是否豁達開朗。人生理當如清風明月，盡量避免濃得化不開的拘泥執著。如果人們堅持認為生活實踐是人格特質的呈現，無法轉化提升改善，則任何生命教育皆屬徒然。」（鈕則誠，2007：32－33）我據此主張，殯葬管理在形式方面的作法，是善用西方科技工具；在內涵方面的改革，則是對從業人員及消費者雙管齊下，推動殯葬生命教育。理想的殯葬公司，至少要充分表現出「中體西用」的清新氣象。

殯葬公司的科學化管理與一般公司並非太大差異，但是在組織文化和服務態度上，卻必須通過高度自覺而不斷改善。組織文化涉及從業人員的素質和氣質，服務態度表現為對消費者的關心與照顧，這些都需要「大破而後自立」，也就是讓業者通過終身學習的管道，持續進行教育訓練，把殯葬業提升為一門與人親近、受人尊敬的專業。如今專業化已是必然趨勢，希望不久的將來，所有業者都具備「喪禮服務技術士」資格，其中的

十分之一更擁有「禮儀師」證照，以充分發揮專業人員服務社會的職能。
我心目中理想的禮儀師，正是身懷科學專技和人文素養、且熱心公益的
「助人專業」人員，一如心理師及社會工作師。禮儀師的養成教育不能缺
少殯葬生命教育，更要在執行專業時對消費者推廣殯葬生命教育。一旦
「死後生命」的迷思得以破除，則相關的繁文縟節也會大幅減少。

結　語

　　殯葬倫理是應用倫理的體現，也是專業倫理的實踐。作為服務性企
業的殯葬業，沒有例外地要落實組織管理；一部分的殯葬倫理，即通過殯
葬管理而發揮。任何一個行業在進行管理活動時，多少都根據某種管理觀
點，也就是管理哲學；此外管理哲學也指具有哲學旨趣的管理議題，包括
企業倫理在內。本章將管理觀點視為具有哲學旨趣的管理議題，從較廣義
的管理哲學觀點來探討企業倫理，將之用於殯葬業，提倡一種「新中體西
用論」。這種觀點不同於其前現代、次殖民論述的前身，而完全屬於後現
代、後殖民論述，強調通過「意識覺醒」以肯定中華民族文化的主體性。
有此肯定後，殯葬業者一方面可以善用西方科技工具，一方面將殯葬作為
文化產業開花結果，發揚光大。

課後反思

一、一般人看見「企業管理」便想到賺錢營利，很少會跟倫理及哲學聯
　　結在一道；本章不但討論管理哲學，還提出「新中體西用論」的策略
　　方向。你覺得這對殯葬業有否助益？

二、我自西方管理哲學中，擷取出「策略規劃」與「知識經濟」兩項議
　　題，提供給殯葬業者反思，希望能夠讓業者「爭一時也爭千秋」。你
　　認為如此合乎實際需要嗎？

三、殯葬活動涉及人倫關係，具有深厚文化底蘊，可發展成為大規模的文
　　化產業，其核心價值在於「以人為本」。你認為殯葬業應該如何開發
　　獨到的人力資源管理？

四、本章提出結合西方科技精神與中國哲理思想的殯葬管理及倫理大方
　　向，亦即「後科學、非宗教、安生死」，並建議具體落實為殯葬生命
　　教 育。請對此表示意見。

參考文獻

王　珺（譯）（1998）。〈知識經濟的組織基礎〉（J. Mathews著）。載於樊
　　春良等譯，《知識經濟》（頁223－251）。珠海：珠海。

石永恆（譯）（2002）。《跨文化管理》（S. C. Schneider 與 J.-L. Barsoux 合
　　著）。北京：經濟管理。

成中英（1990）。〈建立中國的管理哲學〉。載於楊國樞、曾仕強主編，《中
　　國人的管理觀》（頁1－15）。臺北：桂冠。

李　煒（譯）（2002）。〈創造價值：新世紀的管理宣言〉（S. Ghoshal、P.
　　Moran與C. A. Bartlett合著）。載於高核等譯，《21世紀的管理：世界知
　　名管理大師談管理》（頁214－248）。昆明：雲南大學。

韋政通（1977）。《中國哲學辭典》。臺北：大林。

袁　闖（2005）。《管理哲學》。上海：復旦大學。

張維迎（2005）。〈序一：管理沒有新問題〉。載於許倬雲著，《從歷史看

　　管理》（頁序1－3）。桂林：廣西師範大學。

鈕則誠（2004）。《教育哲學——華人應用哲學取向》。臺北：揚智。

鈕則誠（2005）。《教育學是什麼》。臺北：威仕曼。

鈕則誠（2006）。《殯葬學概論》。臺北：威仕曼。

鈕則誠（2007）。《殯葬生命教育》。臺北：揚智。

葉　生、陳育輝（2005）。《仁本管理：中國式人力資源戰略實操全錄》。北
　　京：中國發展。

葉啓政（2007）。〈臨別前的告白〉。網路版（7月10日）。

司徒達賢（1995）。《策略管理》。臺北：遠流。

心靈會客室

哲學與科學之間

我是個缺乏想像力、生活偏向靜態、沒有什麼情趣可言的人。放暑假成天坐在家中寫書，累了頂多看看電視，但是對於《哈利波特》第七集完結篇熱賣，以及建仔連勝七局後輸球的消息，卻一點興趣也沒有。至於看見大票人在臺北最熱的一天去搶搭貓纜，結果掛在半空中長達兩小時的新聞，也只能寄予一絲同情。倒是睡前在「國家地理頻道」上連續看了兩小時的特別節目「驚天動地」，讓我嘆為觀止，印象深刻。這是兩段系列節目，講科學家如何抽絲剝繭，用觀察、實驗和數據，推論出七萬五千年前印尼一場超級火山的爆發，讓當時只有六千萬人口的人類喪失了六成，以及印證一萬五千年前幾場超大洪水，讓美國西部的地貌出現明顯改變。影片最大的啓發，正是科學永遠「有幾分證據，說幾分話」。

我曾立志做科學家，但是手腳粗魯、耐性不足，只好知難而退。由於沒有商業頭腦，卻對人生哲理感到好奇，我在完全沒有考慮出路的情況下，選擇念哲學；或許帶有補償心理，一路專攻的都是科學哲學。科學與哲學如今屬於兩回事，但是在西方歷史上，科學原本由哲學分化出來，以致現在科學家大都仍為「哲學博士」。而哲學也保持著對科學的興趣，只是不研究科學問題，而把科學研究本身當作問題來研究，教育哲學、管理哲學都算是這種跨界的學問。近年我對純粹知識探索的興趣稍減，轉而發心處理安頓生死的議題，應用倫理學自然成為關注重心。談起生死交關，不是醫護即歸殯葬：前者已經高度科技化，後者在臺灣卻離科技相當遙遠，成天在禮儀中打轉，連專門職業都稱作「禮儀師」。

一般人提及哲學便聯想到五術算命，我則主張哲學用於安身立命；人們對於科學的認識不外技術工具，我卻看重它的實事求是。殯葬屬於兼及硬軟體的服務業，至少應落實最基本的科學化管理，始能談得上產業升級。至於服務品質的改善，多少繫於與客戶互動的優劣良窳。過去業者很想剝削消費者，如今卻走上公益性後續關懷的途徑，象徵著殯葬改革從量變到質變。今後殯葬業要如何更上層樓，推陳出新？事業經營的決策者和管理者，有必要在哲學與科學兩方面無所偏廢地做出策略規劃，並且踏實地執行。殯葬哲學就是人死哲學，可歸於人生哲學的一部分，以協助當事人「退一步海闊天空」。至於殯葬科技化，重點在於創造「消費者親和力」，包括環境美觀、資訊透明、服務即時等。哲學與科學在此不是紙上談兵，而是真正地躬行實踐。

第三章　殯葬的企業倫理

　　本章通過文獻考察，鋪陳出能夠為殯葬業所用的西方式企業倫理，並為下章建構中國式的殯葬服務倫理做準備。全章分為員工倫理、消費者倫理、社會關懷、自然關懷等第四節。在員工倫理一節中，闡述西方正義倫理與關懷倫理的差異，並主張讓高度涉入人們情感的殯葬業，盡量以關懷倫理為依歸。在討論消費者倫理時，嘗試引入「涉利者」的觀點，如此可使業者與消費者的關係趨於和諧，進而互利共榮。至於把殯葬的企業倫理問題延伸到社會關注和自然關懷方面，則是希望業者能夠開闊視野，有容乃大。殯葬業者不脫營利，但只要多關注並參與社會公益，便實現了非營利的理想，有可能創造更多的業績與口碑。而當業者願意配合政策，積極推行環保自然葬，便可說是為殯葬改革做出了重大貢獻。

殯葬倫理學

引　言

　　本章討論殯葬的企業倫理，主要引介西方倫理思想為殯葬所用。我在前章所倡議的「新中體西用論」，絕非硬生將中西思想割裂二分，而只是想彰顯中華文化的主體性。其實西方思想中也有其根本價值，並非純然器用之學。但是在人文社會科學領域，全盤端上西方理論以考察本土現象，就有可能出現不相應的窘境。「中體西用」乃是通過本土文化的視角，去篩選過濾有利於我們的西方思想和技藝。比方說，在西方主流的「正義倫理」之外，另類的「關懷倫理」反倒跟華人殯葬文化最為相契，本書乃大加引用；再則採用西式的管理科技工具，相信有利於殯葬公司善用有限資源，創造最大效益。西方的企業倫理和企業管理，無論是理論或實務，都已經發展得相當完整深厚，我們無法一一介紹，只能擷取有利於我者為己所用。

第一節　員工倫理

　　殯葬業是一門服務業，適用於一般服務業的企業倫理，同樣適用於殯葬業。企業倫理也稱作「商業倫理」，其意義為：「商業倫理是個人倫理道德的延伸，把倫理道德的規範應用在商業情境中，也就是以倫理道德的觀點來分析商業活動中所發生的問題，探討企業的決策行為中，什麼是可以接受的，什麼是不可以接受的。商業倫理可以說是有關企業及員工應該遵守的行為規則。」（蔡蒔菁，2000：7）這是典型的西式企業倫理論述，它強調道德規範和行為規則，背後有著一定的原理原則在支撐，通常被視為「原則主義」，與之相對的乃是「脈絡主義」。用簡單的話來講，前者要求「依原則辦事」，後者主張「看情況而定」。

此兩者看似對立其實互補，反映出「大處著眼，小處著手」的可能。具體作法便是，在不違反政策法規的情況下，因時因地制宜行事。

　　捍衛原則主義最堅定的倫理學觀點即是「義務論」，它有如下的可能性與限度：「義務論的規則具體規定了員工對公司、對供貨商或者對消費者需要承擔的義務。……這些規則訂得越具體，就越有可能侵犯人的自主權，特別是在我們不完全贊同這些規則的時候。……基本的行為過程不是出於不信任而實施簡單的控制，相反是要鼓勵積極的奉獻。當然這些具體規則的落實還要涉及人員培訓和監控，因為應該鼓勵員工去落實居於這些規則背後的精神。」（洪成文等，1999：219－220）如果一個公司的高階主管，相信義務論的原則主義可以有效管理員工，他們就會想辦法制定一些規則、規章或守則之類的規範，完全形諸文字，讓員工遵照辦理。然而當它一旦訂定得太死，就缺乏轉圜餘地，員工會覺得動輒得咎，反而容易產生離心離德的意念，對組織並無好處。

　　尤有甚者，守則本身也會出狀況，最後還是得回到個人道德判斷：「基本上，企業的經營倫理有兩個控制機制：一是自我控制的內在機制，另一個是外在的限制。在企業情境中，前者有企業倫理守則……。雖然企業倫理守則宣稱是，管制企業在執行業務時的一套倫理規則，但卻有如下的情況發生：（一）很少人在執行業務時會去看它……（二）守則間的基本原則互相矛盾……（三）守則具有威脅性，與自主精神衝突……。儘管倫理守則有許多缺失，但是管理者應學習倫理守則，是無庸置疑的一件事情，因為有一部分的倫理原則，其標準不是來自專業守則之中，這些個人的道德信念，是不需要辯論的。」（楊政學，2006：253－254）管理必須兼顧情理法，守則是把道理寫成法條，但是要想讓人心甘情願地守法，情感的力量仍不可忽視。

往深一層看，講理其實屬於情意的高度表現；當情意展示其發散的力量，理性則體現出收斂的功夫。收放自如的人，始終真正出入自如。不過是否所有員工都能有所自覺，仍不無疑慮：「道德風氣的沉淪，同樣也反映在工作場所中各個層級員工的操守標準上。由於許多主管及經理人對於新進員工基本誠信、紀律以及對他人尊重等方面的抱怨不斷增加，已促使公司將符合倫理行為的教學主題納入新進人員訓練課程。矛盾地，透過家庭、學校、教堂或其他宗教組織等傳統社會機制來引介道德標準竟十分失敗。而這些機制卻不斷強迫企業部門在工作場所中必須協助建立最基本的行為標準。」（陳永芳，2001：84）這裡讓我們看見西方企業組織在員工倫理方面的困境，當我們要學習西式管理時，上述諸多問題不可不識。

把上述對西方員工倫理的分析，拿來觀照當前臺灣殯葬業，可以得到一些啟示。殯葬業第一線員工必須一年三百六十五天、一天二十四小時待命，可謂十分辛苦；它與坐辦公室發號施令的工作形態，完全是兩回事。對這種服務業的員工管理，主管最好是從基層升遷上去的，容易產生同理心。西方倫理思想以原則主義式的正義倫理為主流，凡事講究公平正義，具有陽剛精神；一九八〇年代出現與之抗衡的脈絡主義式關懷倫理，強調人性的陰柔面。殯葬活動處理的雖然是冰冷的遺體，面對的卻是情緒激動的家屬，自己必須先做好心理建設。在如此高度涉入人類情感的行業裡，員工倫理以關懷為基礎，相信較堅守原則來得恰當。原則可以留待制定公司政策之用，員工倫理還是以「搏感情」為上策。

第二節　消費者倫理

殯葬是一門相當入世的服務業，其消費者的身分非常值得玩味。簡言

之，殯葬是為消費者料理後事的行業，其處理的是死人，面對的則為活人；要令亡者安息，重點在於讓生者安心。由於生者多半是亡者的親近家屬，彼此具有深厚的情感聯繫和倫理關係，消費者倫理很自然地成為殯葬倫理不可或缺的一環。西方世界看重消費者倫理，乃是上世紀後半葉的事情，主要源自「消費者運動」所帶來的「意識覺醒」。過去消費者屬於被動的一群，交易行為有所保證，靠的多半是業者的誠信，也就是職業道德所講究的「童叟無欺」。但是當工商業發達到一定程度，產品或服務品質的保證，除了來自道德的維繫外，還需要加上法律的保障。消費者運動是消費者意識到應該維護自己的權益後，進一步推動立法的結果；在臺灣便形成民間的「消費者文教基金會」，以及官方的「消費者保護委員會」。

　　消費者權益的維繫，決定於消費資訊是否流通，否則上當受騙亦不自知。學者發現：「一項行為是否理性，除了行為目標是理性之外，還要視乎該行為是否掌握及理解有關足夠及正確的資訊。問題是，在許多的商品交易中，消費者通常在無知或一知半解或被誤導、被欺騙的情況下作出決定的。這些事例根本就多如牛毛，俯拾皆是。由六○年代西方社會開始的消費者運動其中的一個焦點，就是要爭取消費者知情權利及產品安全權利。這種權利的醒覺與爭取，又正好反映了消費者在知情方面的不足，繼而導致種種不明智的選擇。」（葉保強，1995：43）由此可見，消費者倫理乃是企業倫理的延伸。西方企業倫理學者對此已發展出一套「涉利者商業倫理」，用以考量各方面的利弊得失

　　從「涉利者」的觀點看，消費者並非站在業者的對立面，而是立於與業者獲利行為息息相關的互補面。也就是說，業者不能只考慮如何把消費者荷包裡的錢財賺到手，而必須思索互利共榮的可能。對此學者分析如下：「涉利者商業倫理的主要精神，是將一家企業所涉及的所有的有關的個人或團體組織的利益都包括在其商業倫理的考量之中。……利用

殯葬倫理學

涉利者的角度來看問題，可以幫助企業辨認受到企業決策及行為影響的對象，及評估所受到的影響的深淺，然後確定要對這些不同的對象要付上什麼責任。……在一般都相當含糊不清的道德環境之下，此不失是一個提供企業管理階層較為有效的管理商業倫理的方法。」（葉保強，2002：73－74）這種觀點建議企業主高瞻遠矚，面面俱顧，爭一時也爭千秋。畢竟企業在乎的是永續經營發展，把消費者利益納入考量實屬必然。

包含消費者倫理在內的企業倫理，與企業管理的發展同步成長，其時空脈絡不能被忽略：「管理人員是在經濟、社會、政治及技術力量變動的開放系統中進行經營與決策的。管理思想受這些變動力的影響，而且一切都是建立在過去之上的。從歷史的角度來看，……環境力……更新了商業倫理的興趣與商業同社會之間的關係。……隨著貿易跨越了國界，在各種道德培養下的不同人的信仰與價值交織在了一起，這一問題變得更為複雜了。人是不是該入鄉隨俗呢？亦或存在一種超越地區與國家界線的更高的道德？儘管普遍承認信仰與行為驅動著社會、政治與經濟布局以及制度，但尚未有一個最佳答案。」（孔令濟，2002：524－526）本書主張「中體西用」，據此發揮西方倫理看重原則的「異中求同」，以及中國倫理講究關係的「同中存異」。

前節和本節分別討論了企業在員工及消費者兩方面的倫理議題，著力於對西方相關倫理分析的引介，以作為下章鋪陳中國殯葬服務倫理的參照。本書嘗試建構適用於華人社會的殯葬倫理觀念與實踐，但無意提出嚴格的知識性理論；理由正是為倫理道德實踐，保留較多的情意揮灑空間。平心而論，倫理道德應該是「有感而發」成分居多，而非照章行事；後者已經走進法律的執行面了。臺灣的殯葬活動有《殯葬管理條例》去規範，我在此提倡殯葬倫理，是希望為殯葬業的「涉利者」提供全方位的觀點與

思考。「涉利者」至少包括企業的所有者、管理者、員工、供應商，以及在地社區和消費者等六大方面，彼此都有著一定的利害關係。既然中國倫理學關注的正是人際關係，那麼通過對於「涉利者」的整體思考，企業倫理的中西融通將更有所得。

第三節　社會關注

自「涉利者」的視角看，企業經營不能忽略社會關注，這便是倫理實踐：「企業的目標是為公司創造財富及為股東帶來利潤。……就算不能達到這個目標，企業仍要遵守法律，及採取倫理的考慮，及參與社會慈善事業……。現代的企業本身是與企業所合理關心的不同類型的社群之間產生了一種互相依存的關係，這些群體包括了員工、顧客、供應商，及企業在其中經營的社區的成員。就算企業的行為不能增加公司的利潤或股東的利益，企業的決策並非不能經常以倫理為出發點。這樣做法不只是恰當而是應該的。」（葉保強，2002：89）把這些說法套用到殯葬業的身上，立刻彰顯出殯葬為民生所必需的特性，以及它所具有的一定公益性質。雖然臺灣的殯葬業傾向高度營利，但殯葬在本質上仍保有公共產品成分，因此也適用於公共倫理。

公共倫理的理想反映在公共事業的社會關注上，像公營的殯葬設施即為此而建。公共倫理與公共產品的關係為：「公共倫理在市場中的具體表現就是公共產品的提供是否能夠滿足人們的生活和精神需要、能否為市場參與者提供良好的倫理對待。……公共產品的利他性不能用市場的自利準則來衡量，也不能要求將利益最大化放在第一位的『經濟人』來提供。能夠提供這些公共產品的政府、組織或者經濟主體一定是不以自身的利益為目標的，而是把公共倫理的發展作為行動的動

力。」（孫春晨，2002：45－46）這些描述相較於眼前殯葬產業市場而言，不免太過理想化；但是理想可以作為改善現狀的指標方針，何況海峽兩岸的殯葬活動早先都歸屬於公共事業，走向市場化、產業化乃是後來的事。我們在此提示殯葬企業倫理的社會關注，只不過是喚回原先的理想而已。

由於時下殯葬像醫療一樣為民生所必需，而醫療機構已被歸為公部門與私部門以外的第三部門，亦即政治或經濟考量以外的社會部門；殯葬在意義和性質上納入第三部門，不但無可厚非，更屬理所當然。社會部門主要為非營利組織，包括醫院、學校、社團、基金會、宗教團體等，著名管理學家杜拉克對其闡述如下：「商界做的是產品或服務的提供；政府做的是監控工作。……非營利機構供應的既不是產品勞務，也非監控制度。它的產品既不是商品，也非法規，而是脫胎換骨後的個人……。非營利機構是點化人類的媒介，他們的產品是治癒的病患、學到知識的小孩、不斷成長為自尊自重的年輕男女；總而言之，是煥然一新的人。」（余佩珊，1998：4－5）美國的殯葬業者早有此自覺，乃積極以推展非營利的後續關懷回饋消費者，也算是企業貢獻於公益的形象改善。

非營利並非指不營利，而是不完全以營利為目的。殯葬業算服務業，但跟同屬服務業的金融業大異其趣，卻與餐飲業具相應之處，那便是有可能讓消費者產生「賓至如歸」的感受。然而餐飲業並非全然服務業，它至少有一半是製造業。廚師在後場表現其手藝，再由服務人員端到前場上桌，消費者品嘗之下深表滿意，肯定日後會再度上門。相形之下，殯葬業缺少了端得上來的菜，只好靠巨細靡遺、無微不至的服務取勝。雖然殯葬以服務為主，但仍有不能取代的涉及硬體的部分，遺體處理便屬其一，設施經營也有其特色。套句上述非營利組織所創造出來的產品乃是「煥然

一新的人」之說法，我認為殯葬業者最好心存社會關注，去設計最能讓家屬稱心的遺體造型，並且充分達成哀傷撫慰的任務。盡量為消費者著想，方能開創出永續經營的道路。

　　非營利組織的社會性關注，成功地激勵並動員了許多志願工作者，不計酬勞地上門擔任義工。這在醫院是常見現象，偶爾也會出現在公營殯儀館，但是私營的殯葬服務事業中，除助念團體外，幾乎難得一見。臺灣的殯葬業者依法要辦理營利事業登記，因此在認定上純屬營利企業，招募義工並不切實際，但是把志願服務的精神融入專業執行中，可謂創造了極高的附加價值。殯葬服務是一套深度的倫理服務，除了妥善照應遺體、料理後事外，主要在於撫慰喪家的哀慟心情。辦喪事比辦喜事有更豐富、更複雜的情感因素介入，業者發揮更多「人溺己溺」的同理心，將會產生更大、更有力的安頓力量和效果。善待顧客有可能形成難得換取的優良口碑，這對業者而言，無疑是最寶貴的資產。一旦把倫理當成管理的手段時，顧客感恩的心理也就化為可觀的業績了。

第四節　自然關懷

　　殯葬業的社會關注，具體落實在與服務對象的人際關係中，便形成為倫理的人文關懷。殯葬的人文關懷，主要發生在整個產業價值鏈的前端和最後，也就是「緣、殮、殯、葬、續」五者中，除歸葬以外的其他活動。不過自古以來，墓葬就是所有殯葬活動最明顯可見的部分。像許多人到大陸旅遊，對各種皇陵及棺槨充滿興趣，連孔子的家族墓園「孔林」都不乏遊客足跡，簡直與一般諱言死亡、遠離墓地的禁忌作法不可同日而語。雖然古代陵墓具有深厚文化底蘊，十分引人入勝，但這並不意味現今也要講求厚葬。事實上，在地狹人稠的雙重壓力下，臺灣殯葬改革的需求

較大陸迫切得多。目前臺灣的火化率已達七成以上，人們也已習慣死後晉塔；大陸在大城市火化率已達百分之百，但受「入土為安」的傳統觀念影響，仍傾向於選擇將骨灰墓葬。

墓葬必然占地，一旦久占不重複使用，終將形成「死墓」；從自然關懷的角度看，這是我們最不樂見的事情。大陸學者對此有所分析：「公墓規模的合理與否，主要是根據是否產生『死墓』來判別。公墓的規模要保證它的持續發展，這不僅是為了公墓經營者的利益，更主要的是為了社會效益的最大化，即防止社會有更多更大的機會成本『支出』。因為一旦『死墓』形成，就意味著社會要另找墓地，必然又要『支付』巨大的機會成本。」（喬寬元，2003：61）大陸過去對墓地使用並無明確期限，一九九〇年代間，上海訂出七十年使用年限，但不久便感受到不符實際，乃配合全國性的規定，向下調整至二十年。臺灣因為原本即有撿骨習俗，加上公營墓地要求輪葬，一般多為十年左右。然而不管是十年或二十年，仍舊需要後代子孫加以維繫，否則亡者終不免成為「孤魂野鬼」。

華人相信人死為鬼，有子孫奠祭者，即轉化為祖先，以庇蔭後代。過去的大家族時代，這不構成問題；如今流行小型核心家庭，僅上下兩代間維持著較為密切的關係，隔代則不與矣。在此情況下，對於至親的祭掃，能持續二、三十年已屬難得，但是到頭來還是有可能成為無主孤墳。不種因，不結果；人死之前若是希望「無後顧之憂」，同時減少子孫的身心負擔，不妨在生前即清楚交代，對自己的遺體做成一次性處理，採取火化後立即拋灑的自然葬法。如此一來既不立碑，又不占地，是對自然界尊重與關懷的具體表現，更反映出一個人「源生於自然，又回歸到自然」的大化流行。「縱浪大化中，不喜亦不憂」的豁達心態，正是現代人必須學習且具備的，也是殯葬業者可以通過企業倫理的實踐，向消費者引介的環

境倫理與生命倫理積極作法。

　　殯葬的環境倫理及生命倫理是後面章節的主題，我在眼前的企業倫理討論中僅點到為止。至於推行環保自然葬，學者的建議值得參考：「建議將『環保自然葬』的政策明確納入法條當中，同時將現行法規規定墳墓設置的十六平方公尺，比照日本的規定改為四平方公尺，或更小的面積，並要求除原已規定的七年墓基循環使用之外，並應進一步在法律上規定限期奉祀在納（靈）骨塔的骨骸、骨灰，應於三十年之後辦理集體隆重莊嚴的除葬儀式，除葬後再予以海葬或自然葬，完成人與自然的循環，真正與『環境風水』的和諧理念『天人合一』相互契合，同時鼓勵殯葬產業自我定位為一綠色產業。」（黃有志、鄧文龍，2002：190）有朝一日，上述理想能夠大幅達成，則臺灣將不啻成為美麗之島，更是人間樂土。

　　殯葬倫理的實踐，是一種文化性活動；「文化」即指「人文化成」，係通過教育手段，達到改變人心、變化氣質的目的。如今海峽兩岸都在推廣樹葬，它具有一定的教化意義：「樹葬，應該說是目前殯葬改革中的一種全新方式，它不同於簡單的入土為安，也不同於讓逝者進入佛界，而是通過將逝者與樹融為一體，使其生命得以延續，得到昇華。工業社會帶給人們的是日益被污染的生存環境，現實社會的人們越來越渴望回歸大自然，擁有一片淨土。從殯葬改革的趨勢來看，樹葬的推出恰好能滿足人們的這種心理，從而對人們固有的殯葬觀念有一個良好的引導作用……。」（申敬民，2001：208－209）樹葬是很理想的一次性葬法，較之入土、晉塔多年後再取出予以二次葬的作法更為積極，也更有倫理意涵，應當融入企業倫理教育中去影響業者，進而引導消費者從善如流。

結　語

　　本章討論殯葬的企業倫理，主要在引介一些源自西方的倫理觀念，希望為殯葬業所用；這些觀念包括員工自律、消費者權益、社會參與、環境保護等。但最重要的一點，乃是將殯葬業視為非營利組織來思考，理由即是它和醫療、教育等，皆屬民生所必需。也許這樣的看法顯得不切實際，但也正凸顯企業倫理具有高度理想性。事實上，企業界始終存在著反對倫理實踐的聲浪，過去就連商學院也不願開授這方面的課程，大家皆奉行「在商言商」的圭臬。直到一些重大違法弊案醜聞爆發，學校教育才開始重視倫理，同時帶動業界的自律自清之舉。臺灣的殯葬業長期以來即為社會大眾所詬病，如今面臨殯葬改革推行證照制度，考試內容就涵蓋倫理課題。本書所彰顯的理想性，乃是希望開風氣之先，而非一切隨俗，這也正是教育的目的。

課後反思

一、人力是決定企業成敗的重要資源，如何妥善管理，常是運用之妙，存乎一心，本章即提出「原則主義」與「脈絡主義」兩種倫理觀概括之。請對此舉例加以說明。

二、一個企業組織的「涉利者」，至少包括了企業主、公司管理者、員工、供應商，以及所在社區和消費者等六方面。請以殯葬業為例做出析論。

三、把營利的殯葬業看作是非營利事業，似乎緣木求魚；但同為涉及生死

的醫療業，卻被定位為非營利事業。請從非營利事業的理想面，闡述殯葬業推陳出新的可能。

四、在業者大力促銷墓地、塔位等商品之際，提倡不占地的環保自然葬，彷彿是另外一種不易達成的理想，但它卻明白寫在《殯葬管理條例》的說明中。請查閱法條後加以評論。

參考文獻

孔令濟（譯）（2002）。《管理思想的演變》（D. A. Wren著）。北京：中國社會科學。

申敬民（2001）。〈論樹葬的推陳出新〉。載於朱金龍主編，《殯葬文化研究（上）》（頁203－210）。上海：上海書店。

余佩珊（譯）（1998）。《非營利機構的經營之道》（P. F. Drucker著）。臺北：遠流。

洪成文等（譯）（1999）。《商業倫理》（P. Pratley著）。北京：中信。

孫春晨（2002）。〈市場與倫理片論〉。載於于涌主編，《中國應用倫理學》（2001）（頁33－48）。北京：中央編譯。

陳永芳（譯）（2001）。〈企業組織：意義與道德指南之所在〉（S. Webley著)。載於歐陽敏、陳永芳合譯，《企業倫理》（頁79－93）。臺北：韋伯。

喬寬元（2003）。〈加強科學管理，把公墓發展推向新水平〉。載於顧秋根等著，《公墓管理研究新論》（頁29－79）。上海：上海大學。

黃有志、鄧文龍（2002）。《環保自然葬概論》。高雄：黃有志。

楊政學（2006）。《企業倫理》。臺北：揚智。

葉保強（1995）。《金錢以外——商業倫理透視》。臺北：臺灣商務。

葉保強（2002）。《建構企業的社會契約》。臺北：鵝湖。

蔡蒔菁（2002）。《商業倫理：概念與應用》。臺北：文京。

心靈會客室

營利與非營利之間

　　過去十餘年間，拜人民生活條件日益改善之賜，海峽兩岸的殯葬業都出現快速發展之勢；臺灣在禮儀服務方面不斷推陳出新，大陸則把公墓景觀創造得欣欣向榮。不過在迅速成長之餘，也出現了引人詬病之處；殯葬業在兩岸皆被視為暴利行業，難免引起消費者心生不平。不過平心而論，也正如民俗學者徐福全教授所言，殯葬業依規定要辦理營利事業登記，當然得講營利；再者人隨時會死，從業人員必須一天二十四小時、一年三百六十五天待命，多賺點辛苦錢也是應該。這些說法固然無可厚非，但是殯葬畢竟和醫療、教育活動類似，為民生所必需；既然人人都用得到它，業者在營利之外，積極考慮一些造福公益的可能，同樣無可厚非。我認為業者在營利與非營利之間多方考量，一開始可以前者為主、後者為輔，日後再逐漸調整為後者為主、前者為輔，如此便與醫療業平起平坐。

　　說到殯葬業要與醫療業平起平坐，甚至等量齊觀，恐怕是不易達成的事情；然而醫療與殯葬可說是關涉到人類生老病死的上中下游行業，彼此的關係比想像中要接近得多。當醫院被視為非營利組織，我看沒有什麼理由不把殯葬設施列入。事實上，臺灣的殯葬設施主要還是各地方政府在經營，公營當然不以營利為目的。不過要求公營事業改善服務品質，受限於現實條件及法令規章，還是有許多窒礙難行的地方。例如改善擴建殯儀館，既需要大筆預算，又得擔心附近居民抗爭，凡事動輒得咎，只好一動不如一靜。而社會大眾「死得其所」、「無後顧之憂」的權益，也就因此大打折扣，更不用提「賓至如歸」的服務了。然而除非是意外喪生，人死

其實像回家一樣自然；把殯葬設施和服務規劃得像回家般溫馨，正是公民營殯葬業可以大幅著力之處。

　　幾天前一大早，我趕往臺北市第二殯儀館參加一位老長官的公奠。雖然動用了最大的景仰廳，但依單位上前行禮的人數過多，幾乎排到門口；裡面黑壓壓一片，我連家屬答禮都看不見。到場致意的有國民黨主席吳伯雄，不過我卻不經意地在大廳旁邊的垃圾箱內，看見同黨副總統候選人蕭萬長送的輓匾棄置其中，大概是前一天遺留之物，著實諷刺。此外二館的動線也有問題，奠畢移棺往火化爐，必須經過一段人車雜沓的空地，過去還曾經發生過車禍，至今未見改善。那天上午離開時，見大門口人車堵成一團，簡直比菜市場還擁擠，這又那裡是平安送終的好所在呢？下午我又回到二館開殯葬評鑑行前會議，心想殯儀館也應該接受評鑑，而民間業者更應該投資興建殯儀館，以造就幾座非營利機構的典範才是。

第四章　殯葬的服務倫理

　　本章初步鋪陳建構華人殯葬倫理的可能，為此首先要反思近二十年所出現的「中國式管理」論述，以及在其中難以抽離的倫理觀點。中式管理和倫理融會貫通，與西方將管理與倫理判成兩橛的作法大異其趣。對以人為本的殯葬服務業而言，中式管理更具參考價值。在確認中式管理的精神後，本章接著以三節篇幅來紹述殯葬的設施經營倫理、禮儀服務倫理，以及治喪行為倫理；所參考的文本，則是現行《殯葬管理條例》及審議中的修正法案。設施經營的重點在殯儀館，於其中設置悲傷輔導室，固然有倫理慰藉作用；但是把整體空間重新規劃設計，始能更具人文意義。至於禮儀服務及治喪行為，都涉及未來將出現的靈魂人物「禮儀師」；他的素質修養和倫理實踐，正是殯葬服務成敗的關鍵因素，教育訓練在此實扮演重要角色。

引　言

　　殯葬是一門服務業，禮儀服務固然不必說，連設置殯葬設施同樣為服務消費者，此外民眾參與殯葬活動，也有相應的行為，這一切便構成我們的法規《殯葬管理條例》主要內容。二〇〇二年公布的法令共有七章，除了總則、罰則、附則三章外，其餘四章分別規範殯葬設施的設置與經營、殯葬服務業，以及殯葬行為。而在條文中，也明確定義「殯葬服務業」包括「殯葬設施經營業」與「殯葬禮儀服務業」兩大項。至於內政部於二〇〇六年提出的修正草案，將七十六條大幅增列至一百零四條，實可謂巨細靡遺。這些條文雖明示殯葬管理外延，卻充分反映殯葬倫理內涵。由於此一條例是為因應在地現況而制定及修訂，理當體現出具有中華文化內涵的服務倫理；本章即依循條例所規範者，嘗試建構相對應的服務倫理，可視為中國式的殯葬企業倫理。

第一節　中國式管理及其倫理

　　前章曾在大範圍內，舖陳出西方式的殯葬企業倫理，多少使得業者對於員工管理、消費者服務、社會參與，以及環境保護等議題，有所瞭解與把握，進而可以基本實現。但這只算是部分的倫理實踐，因為在本書所主張的後現代「新中體西用論」關照下，華人世界殯葬業者實踐西式企業倫理，乃是有樣學樣；要進一步落實中式服務倫理，才真正達於精髓。其理由為殯葬活動具有深厚文化底蘊，一家公司可以充分採用西方的組織管理方式加以運作，但是在服務對象及過程上，卻與西方大異其趣。唯一比較接近的情況，也許是在為基督徒治喪；除此之外，禮儀民俗的繁文縟節似乎一概不能少。但這又屬於似是而非、積非成是的看法；其實殯葬改革

的目的，正是維持「孝心」但淨化「孝行」、保存「禮義」卻簡化「禮儀」，同時推行「節葬」與「潔葬」。

殯葬業者從事中國式管理，發揚華人服務倫理，並非回顧地墨守成規，而是要前瞻地推陳出新。依據文化特質進行組織管理，就能夠事半功倍，在這點上日本人做得最成功，成功得連西方人都想學習追隨，但又未見績效。事實上臺灣也有各行各業在模仿和式管理，卻僅得其皮毛，終難免出現不相應的局面。權變之計唯有回歸本源，自中華文化的根源內去發掘深意。然而中國傳統文化卻在相當長的時期裡，完全不重視商人與商業，以至於現今要討論中國式企業管理及企業倫理，需要正本清源方能有所得。在這方面，歷史學家比哲學家更能深入探索，因為他們可以從史料中拿出證據，而非只靠推理論證。思想史專家余英時於一九八五年寫了一篇很長的論文〈中國近世宗教倫理與商人精神〉，即對此有所闡述。

余英時從德國社會學家韋伯的《新教倫理與資本主義的精神》一書中得到啟發，而回頭探索明清兩代的商人精神，他考察到如下現象：「明清商人……一面利用傳統文化的資源，一面又把舊的宗族關係轉化為新的商業組合。這正是中國從傳統到現代的一種過渡方式。……難道現代型企業的發展必須以『六親不認』為前提嗎？試問在中國傳統社會中還有比親族更可信托的『助手』嗎？西方的宗教組織在社會上佔主宰地位，而中國無之。以社會功能言，中國的親族組織即相當於西方近代各教派的組織。」（余英時，1990：393）這裡點出一件事：西方的人際關係靠宗教來維繫，中國則多賴血緣，家族事業即本乎此。如今我們雖然不必再提倡家族事業，但把具有倫理意涵的「關係」，置於組織管理的核心位置，較能讓人們理解到何為中國式管理。

中國式管理便是「中道管理」，其精義為：「全世界的管理都在追求合理，只是所採用的方式不相同而已。我們古聖先賢，早已研發

出一套十分特殊，卻能夠千古流傳、天下通用的東西，……稱為『中國式管理』或『中道管理』。……簡要說來，中國式管理便是依循『仁、義、禮』的道理，以求得其中（合理）的中道管理，也就是『將現代化管理，妥善運用在中國社會，以求合理有效』，成為中國式的合理化管理，並和中華文化充分結合起來。」（曾仕強，2006：前言3）發明這套「中道管理M理論」的曾仕強，將「仁、義、禮」三者解釋為「安人之道、經權之道、絜矩之道」，並據以發展成一部大著作。對此我們無法評論，但也由是可見，中華文化裡到處充滿智慧結晶，其作用與西方知識不相上下，足以為現代管理者所用。

企業管理成敗良窳，往往繫於組織文化，這一切皆指向人。有實務工作者表示：「企業是通過有效的管理而高效運營的，而管理的主體和客體都是人，因此管理的核心不是財、不是物，而是人，人是文化的縮影。東西方之間有不同的文化，如西方講究的是契約文化，東方主要是倫理文化。西方看重的是白紙黑字，東方更強調人與人的關係，人與人之間的交情。所以在這樣不同的文化環境下，管理作為一種文化、一種精神、一種風格，就會出現不同地域有不同管理行為的現象，具有明顯的民族文化烙印。」（孫福春、黃海東，2006：42－43）這裡所指與前面所引兩段文字，皆強調人際與人群關係，乃是中國式管理的決定性因素。換言之，中國式企業管理正是企業倫理的落實與體現，這與西方獨立討論企業倫理的作法實大異其趣。

第二節　設施經營倫理

第一章曾論及，「倫理」概念在西方大都指向原則規範，在中國則主要反映人際關係。依此觀之，西方學者將企業管理和企業倫理劃清界

線，各自獨立地講，是可以理解的；而中國式企業管理卻深深結合著，甚至可以說實踐著企業倫理，也是可以領略的。兩岸殯葬業者服務的對象主要是漢民族，以及漢化的其他民族。漢人的殯葬禮俗源遠流長、歷久彌新，如今我們要做的，便是保存「禮」的精義，同時改革「俗」的風貌。在西風東漸下，殯葬業作為一門企業而向西方學習管理技術，是值得鼓勵的；但是同時也應該找出民族文化內經營之常道，以落實「中體西用」下的「道術兼顧」。殯葬服務業以人為本，其產業價值鏈上的緣、殮、殯、葬、續五者，皆與人息息相關；即使是硬體的殯葬設施，也為安置死者、安頓生者之用，亦即充滿倫理意義與價值。

　　目前殯葬業及相關產業共同遵守的母法為《殯葬管理條例》，其開宗明義第一條指出：「為促進殯葬設施符合環保並永續經營；殯葬服務業創新升級，提供優質服務；殯葬行為切合現代需求，兼顧個人尊嚴及公眾利益，以提升國民生活品質，特制定本條例。」並詳加說明如下：「配合倡導建設臺灣為綠色矽島之願景，擷取以人文為中心，環境保護及生態保育為上層，知識經濟發展及社會公義為支撐之架構理念，以期規範殯葬設施、殯葬服務及殯葬行為。」條例實施五年餘，近來雖有修訂之意，但第一條並未修正，其所揭示的理想與精神仍然持續。依上述條文及說明觀之，它的立場傾向於「正義倫理」。在西方與「正義倫理」相輔相成的乃是「關懷倫理」，後者與中國傳統思想有較多呼應之處；若是談中國式管理，引介「關懷倫理」將有助於管理的落實。

　　本節討論殯葬設施經營倫理，在法規第二條中，將殯葬設施定義為包括公墓、殯儀館、火化場、骨灰（骸）存放設施四者，並對後者特別加以說明：「為骨灰（骸）之存放，除現行為民眾熟知納骨（堂）塔外，為利未來推動其他更具環保意義，貼近家屬感情或特殊之存放方式，爰將其存放設施統稱為骨灰（骸）存放設施。」這無疑是一種倫理

考量。但更具倫理精神及文化建設意義的創意,實為現行第十條、修正第十三條:「對於教育、文化、藝術有重大貢獻者,於其死亡後,經鄉(鎮、市、區)滿二十歲之居民二分之一以上之同意者,得於該鄉(鎮、市、區)內適當地點設公共性之紀念墓園。」為對教育及藝文有重大貢獻者設立紀念墓園之舉,不僅有移風易俗的作用,更能產生見賢思齊的效果,可視為充分的倫理實踐。

對焦於現實情況來看,臺灣的殯葬設施中,殯儀館與火化場幾乎完全為公營,公墓及納骨堂塔的經營則公民營兼有,而以民營為主力。公營事業不以營利為目的,純粹為服務公益,當然值得肯定;但正因為屬於公務系統,公家機關長期以來的因循苟且習氣也在所難免。像過去曾有火化工燒錯遺體情事,照說要追究法律責任並予免職,但這些工人個個有來頭,多為民意代表關說雇用,上級主管也奈何不了他們。至於殯儀館的設備,也有老舊不堪使用,以及動線設計不良的問題;但事情一旦牽涉編列預算及交付民意機關審議,即陷入曠日廢時、事倍功半之境。改善之道不妨朝公辦民營方向設計,政府只須監督,不必直接經營,以避免球員兼裁判的窘況。事實上,內政部委託的相關研究報告,早在十年前即已出爐(黃有志等,1998),至今卻仍束之高閣,淪為紙上談兵,不克實現。

為推動中國式殯葬設施經營倫理,我建議一方面要改善現況,一方面則寄望未來;前者是指公營事業向績優民營業者看齊,後者是指鼓勵民間業者來投資蓋殯儀館。畢竟各種殯葬設施中,殯儀館屬於最直接貼近喪家情感的場所,也最能發揮倫理關懷,因此《殯葬管理條例》第十三條規定,殯儀館應設悲傷輔導室,其理由為:「有鑑於近幾年來,……國人因遭喪親之痛,難以釋懷,走上自殺一途之案例偶有所聞,爰參考歐美國家殯儀館之作法,明定悲傷輔導室為殯儀館之應有設施,以強化殯儀館之悲傷輔導功能及凸顯殯儀人文關懷意義。」悲傷輔導屬於西式

活動，但可以納入中式倫理諮商及民俗治療；倘若是理想的殯葬一元化設施，則悲傷輔導室的作用就不限於殯儀館內，而遍及其他殯葬設施如公墓的使用者等。這些正是設施經營業者必須正視的課題。

第三節　禮儀服務倫理

　　硬體的殯葬設施中，最能發揮倫理人文關懷的就是殯儀館：偏偏殯儀館大都為公營，在行政體系下較難開創新局。尤有甚者，軟體的禮儀服務有很大一部分也在殯儀館內進行，倘若因為空間和行政的限制而未能一展所長，不免讓人遺憾。所以我建議讓民間的禮儀服務業者去設立殯儀館，跟公家單位進行良性競爭，或能促成公營事業體質的改善。如果是礙於法令或土地取得，難以設置大型殯儀館，不妨走向公辦民營，或許可成立小型告別式場所的途徑。如今既然允許民眾在自家辦理告別式，就沒有理由不讓寺廟、教堂及殯葬業者設置告別式場。《殯葬管理條例》第五十條的說明指出：「鑑於目前殯儀館嚴重不足，強制規定喪家於殯儀館治喪實有困難，為規範、改善民眾道路搭棚治喪之情形，……應訂定管理辦法。」管理不應只是消極規範，更要積極改善，允許設立小禮廳便是一計。

　　臺灣對遺體處理一向不注重藥物防腐，實施比例只有萬分之一，與西方國家甚至日本及大陸相較，可說出奇地少。若說我們也有防止遺體腐敗的想法，那不過是物理性的冷凍冷藏，而非真正化學性的處理。平心而論，「防腐」二字確實不易引起喪家認同，因此近年有些大型業者在引進國外防腐技術之際，已改稱是在從事「遺體保護」。由於禮儀服務人員的初步工作，即是從接體到洗、穿、化、殮，而遺體保護其實也等於是在保護服務人員，以免被病菌感染。過去「煞死」流行期間，就有殯葬業者不

幸受到感染而喪命，後來大家才開始有較多的公共衛生概念。事實上，注重衛生正是一種服務倫理，它反映出「視死如生」甚至「視客如親」的關懷情意，同時也落實了環境倫理，是非常有意義的事情，也是亟待推展的觀念。

有了比較人性化的告別式場，加以遺體受到保護性處理而避免傷人之虞，禮儀服務人員也就有機會一展所長。有關禮儀服務的倫理內涵，留待第十章討論關懷倫理時再闡述，本節僅站在企業倫理的立場，對禮儀服務人員的作為加以引伸，並嘗試提出一些具有中華文化底蘊的服務倫理。專業化的禮儀服務人員在臺灣稱作「禮儀師」，《殯葬管理條例》第四十條載有：「具有禮儀師資格者得執行下列業務：一、殯葬禮儀之規劃及諮詢。二、殮殯葬會場之規劃及設計。三、指導喪葬文書之設計及撰寫。四、指導或擔任出殯奠儀會場司儀。五、臨終關懷及悲傷輔導。六、其他經主管機關核定之業務項目。」且加以說明：「參考社會工作師法之立法精神，明定禮儀師得執行之項目……，俾利消費者辨別與選擇。」這正是消費者倫理的體現。

雖然條例修正草案將禮儀師的定位，改列為非專門職業及技術人員，與原本參照的社會工作師屬性和位階大異其趣，但其執行業務的內容並未改變。由法規條文來看，基本的五款，大致上反映出殯葬活動五項價值鏈，亦即緣、殮、殯、葬、續。時下因為生前契約的出現，禮儀師有機會跟消費者在生前結緣；即使業者是在當事人死後才接到喪家的生意，對禮儀的規劃與諮詢也是一種緣會。此時的理想態度乃是「視客如親」，最好先確認誰是治喪活動的關鍵人物，亦即負責掌握全局的家屬代表；瞭解其與亡者的關係，然後進一步站在對方立場，付出同理心協助治喪。禮儀師此刻必須懂得察言觀色，同時善體人意，替喪家設想。倘若家屬意見紛雜，應主動導引釐清，以免一旦辦起喪事來動輒得咎。畢竟華人看重家人

關係，找到關鍵人物方能事半功倍。

　　禮儀服務倫理的消極意義，是讓當事人及其家屬「無後顧之憂」；其積極價值及創意，則是造就「賓至如歸」的境界。所謂「無後顧之憂」，就是強調「我辦事，您放心」；而「賓至如歸」的境界，則是把治喪活動辦得像陪伴亡者回家一樣地溫馨自然。此刻傳統的披麻帶孝、孝女白琴之類作法，不妨轉化為搬新家的相送；何況人們一向稱亡者的落腳歸宿之處為「陰宅」，不也格外具有意義嗎？至於洗穿化殮和奠禮進行，禮儀師都必須全程參與或指導，並且要讓家屬感受得到自己的敬業。一般而言，禮儀師較少從事臨終關懷，甚至對生前契約客戶也難得接觸；倒是對喪家的悲傷輔導與後續關懷，無疑構成執行專業的重頭戲。禮儀服務人員站在服務的第一線，其動靜皆屬倫理，的確不能掉以輕心。

第四節　治喪行為倫理

　　《殯葬管理條例》修正草案，將原先的七十六條增修為一百零四條；增列的二十八條中，有近半涉及生前契約，由此可見它是近年殯葬服務爭議的焦點，有必要大幅修法規範。平心而論，購買生前契約屬於未雨綢繆之計，理當加以鼓勵；但是因為它可以買賣轉讓，就有可能淪為投資性商品，反而產生更多的風險。改善之道也許應該讓它向保險約定靠攏，或是不准轉讓，或是列入保險承攬項目；但是如此一來，殯葬業的商機似乎又沒太多發揮空間了。近年有些業者開發出另一方揮灑空間，那便是承包經營醫院太平間附設殯葬服務業務；但是好景不長，法規修正草案已認定此事不宜繼續，既有業務再維持五年後必須終止。其實大有問題的，還包括寺廟附設殯葬設施，也有必要一併加以處理。這些問題原本列在《條例》附則中規範，但是醫院部分爭議甚多，也納進殯葬行為的章節中討

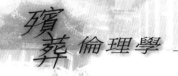

論。

「殯葬行為」顧名思義，理當包括與殯葬活動相關的各種行為；由於法規對此未有明文定義，僅能從條文字裡行間看出端倪。現行法律對殯葬行為的規範只有五條，且完全針對殯葬服務業，以規範業者招攬生意、接送遺體、協助家屬治喪及安排出殯路徑等，大致涵蓋了殮、殯、葬諸方面。而修正草案則擴充為九條，其中最具倫理意義者，是將當事人料理後事的意願加以凸顯。修正列入〈殯葬行為之管理〉一章中的原四十五條：「成年人且有行為能力者得於生前就其死亡後之殯葬事宜，預立遺囑或以填具意願書之形式表示之。死者生前曾為前項之遺囑或意願書者，其家屬或承辦其殯葬事宜者應予尊重。」這是將西方「尊重個體自律」的倫理原則落實為法律，但要進行本土轉化，還是必須對家庭或家族內的人倫關係因素加以考量，否則即使預立指示，也有可能不被尊重。

「預立指示」原本是臨終關懷的重要環節，主要為交代死前是否需要急救等「前事」，而一般遺囑則多屬交代「後事」。照說二者都應該完全受到尊重，但在華人社會中，一個人生重病後，往往被視為缺乏行為能力，其家屬會主動代行重大決策。如此雖有分憂之便，卻無形中讓當事人被邊緣化；也就是在「生物性死亡」之前，先行被歸於「社會性死亡」。本章旨在提出建構中式殯葬企業倫理的可能，在秉持「新中體西用論」觀點下，雖主張中華文化主體性的重要，但也由「主體性」論述的反思發現，傳統文化對於個人主體性的不重視。而這點卻是西方倫理之所長，尤其是對「自律」原則的堅持。既然現今人們生活形態已趨於西化，西方思想文化自當去蕪存菁地被吸納進來，而非一味排斥。殯葬業者的確應該深思一件事，那便是向消費者推廣「尊重自律」觀念的必要。

中式殯葬服務倫理的樹立，當然要從業者自身做起；而業者本身的條件改善與素質提升，有很大一部分繫於殯葬教育的推動。我寄望未來會

出現受過完整科班訓練的專業禮儀師，不但自己能夠躬行實踐殯葬倫理，還有能力推廣消費者教育。其內容則如上述的尊重當事人自主意願，以及在入殮與出殯過程中，盡量簡化與淨化；包括縮短搭棚時間、避免製造噪音、限制出殯隊伍等。這不但是紀念亡者英靈的最好方式，也是實現公共道德的最佳示範。殯葬既然為民生所必需，便意味著人人都免不了要經歷；在「己所不欲，勿施於人」的教訓下，如果本身對別人辦喪事感受到有擾民之虞，自己以後就該當避免墨守成規。雖然華人講究謙虛，再加上認同「死者為大」的觀念，因此對於旁人治喪擾民之舉，多半默默承受。但這畢竟不是好的倫理態度，理當有所改善才對。

　　還有一點是殯葬服務倫理內很要緊的態度問題，曾經因為媒體的負面報導，而讓業者好不容易建立起來的清新改革形象，受到扼殺破壞，那便是源於醫院太平間遺體寄存的糾紛。《條例》修正草案第六十三條增列：「醫院內死亡之屍體，醫院應負責安置於太平間，並應劃設適當空間，供……屍體暫時停放，並供家屬辦理助念或悲傷撫慰等事宜。」其說明則云：「醫院將其……太平間委外經營衍生之消費糾紛頗多，為減少……暫存屍體所衍生之消費糾紛，及兼顧死者家屬之殯葬消費選擇權不因醫院與特定業者訂定……太平間經營契約而受妨礙，爰新增……項。」有此修正條文的出現，目的還是希望業者能夠潔身自好，約束本身營利行為，莫要侵犯消費者權益及傷害喪家感情。強占遺體和下令趕人，都是不合服務倫理的劣質行為，應該徹底根絕才是。

結　語

　　本書探討在臺灣初步建構中式殯葬倫理的可能，所採取的則是西式應用倫理分類。本章屬於首篇〈企業倫理議題〉的第三部分，我在此寫下

本章的結語，也算是本篇的結論。殯葬倫理先談企業方面的議題是有原因的，那是因為現今它完全不脫為一門積極營利的服務業；即使是公營的殯葬設施，也要靠民間業者來配合。提起營利事業就不能不談企業管理，而管理者心目中的經營理念，就構成了管理哲學。事業由人在經營，服務業更以人為對象，人際往還不能不講倫理道德。西方倫理強調原則，華人倫理看重關係，它們各自發展出具有文化特色的企業倫理，都值得殯葬業者參考。本章考察殯葬服務倫理，用較多的《殯葬管理條例》所列法條作為文本，以免游談無根。法律是倫理的延伸，一旦內在良心無法發生作用，就得靠外在規範來約束行為了。

課後反思

一、 自一九八〇年代中葉以後，便有愈來愈多的人談論「中國式管理」，這多少是受到西方人開始正視「日本式管理」的影響。請對此一現象及其內容加以評論。

二、 過去農村社會的殯葬活動都是自行料理，工商業興起後的城鎮居民則開始利用殯儀館。臺灣各地在相關設施的經營上大都不盡完善，請問有何改革對策？

三、 臺灣的殯葬服務多與禮俗有關，連專業人員都稱作「喪禮服務技術士」及「禮儀師」。他們要如何表現，才能夠讓消費者「無後顧之憂」，進而產生「賓至如歸」的感受？

四、 一個人在生前寫下遺囑，除了分配財產外，也不忘交代後事。殯葬

服務人員要如何與喪家密切合作，以實現當事人的心願？請闡述你
自己的看法。

參考文獻

余英時（1990）。《中國思想傳統的現代詮釋》。臺北：聯經。

孫福春、黃海東（合編）（2006）。《在中國做諮詢》。北京：機械工業。

曾仕強（2006）。《中道管理——M理論及其應用》。北京：北京大學。

黃有志、尉遲淦、鄧文龍（1998）。《殯葬設施公辦民營化可行性之研究。
　　臺北：內政部民政司。

心靈會客室

殯葬服務與後事關懷

　　我學習冷門的哲學，出路甚窄，一路走來，既不會算命，到頭來只有當老師一途。開始時學校沒有哲學課，我只好有什麼課就教什麼，大約就在國文、國父思想等共同科目上打轉。一九九一年偶然踏進臺北護專兼課，人家讓我教人生哲學，我便由此跟護理專業沾上邊。過去我對護理人員的印象與一般人並無二致，「白衣天使」而已；後來多方接觸，深入研究護理哲理，竟以此寫出教授升等論文，也更能體會她們的專業活動——關心與照顧，以及理解其核心價值——關懷。一九九七年我首創生死學研究所，為設計課程，很自然地又跟殯葬行業沾上了邊。過去我對殯葬業者的觀感，不外「賺死人錢」的刻板印象；沒想到十年下來，我又因緣際會地建構起殯葬學，並且成立了第一間正式的殯葬科系。如今我深深覺得，殯葬在走向專業化過程中，最值得模仿的便是護理專業。

　　要模仿護理專業並不容易，尚且還存在著先天上的限制。原因是護理幾乎完全為一門女性專業，而殯葬則多由大男人在張羅，甚至不時傳出還有黑道介入，很難把他們跟白衣天使聯想在一道。然而在殯葬改革的風潮帶動下，傳統業者那種食古不化、墨守成規的作法，已面臨移風易俗、推陳出新的民眾要求與社會壓力。政府更藉著政策與法規的出爐，積極推動殯葬證照制度，由此也帶動起相關教育訓練的開展。我一路從哲學接觸到護理專業，再自其中開始推動生死學與生命教育，又適時搭上殯葬改革列車，成為學科建構和證照考試的推手，但我心裡著實明白，自己的立場始終為旁觀者，處境一直是邊緣人。過去這幾年的時空和機遇，為我賦與了

一些階段性任務；任務告一段落後，我仍將歸於平淡，過著雲淡風清的學者及作者生涯。

　　我既非護理人員，亦不是殯葬業者；無論是寫護理哲理專書，還是推動殯葬證照考試，都不過屬於外緣性的觀察，這倒使我有機會保持著一定距離，去看待護理專業和殯葬行業。我目前的任務是藉由教學與考試，逐漸把殯葬行業提升為專業。以護理為參照對象，我發現重點不在性別而在心境；殯葬業者不是女性沒關係，要緊的是必須學會反身而誠，找出自己的「陰性」特質，並且將之發揚光大。這需要一系列的「意識覺醒」，以深刻體認殯葬服務乃是無微不至的「後事關懷」。「關懷」不止屬於護理的核心價值，更應當為殯葬業者全心接納；用關懷之情去「視死如生」、「視客如親」，個人生涯和事業組織才有可能永續發展。時代及社會都不同了，殯葬業必須更細膩地操作，始能讓人產生耳目一新之感，而「關懷」正是這股動力。

第二篇

環境倫理議題

第五章　宇宙哲學與殯葬

　　本書的〈本論〉部分，係採用應用倫理學三大分支為議題，進行引伸發揮，並闡述它們跟殯葬活動的可能關聯。首篇討論企業倫理議題，本篇和末篇將分別探究環境倫理和生命倫理議題。本章針對環境倫理，引伸出宇宙哲學方面的論述，先行確認宇宙、世界、自然、科學、技術等概念的關係，再次第闡述西方與中國宇宙哲學對殯葬觀念與實踐的啟發。為了提倡環保自然葬，我有意把「死後生命」的觀念，由宗教性轉化為美感性，並自中西宇宙哲學中，擷取現世的、唯物的、實在的觀點加以支撐。末節提到華人世界流行的風水觀，我認同一些學者主張把「民俗風水」轉化為「環境風水」的看法。至於風水所反映的「天人合一」思想，本章也有所發揮，並提示落實於殯葬活動的可能。

引　言

　　全書進入第二篇〈環境倫理議題〉，依照首篇所建立的通例，分為三章來講，亦即先討論中西宇宙哲學與殯葬的關係，再檢視西方的殯葬環境倫理，最後提出建構中國的殯葬天人倫理之可能。環境倫理學在上世紀後半葉間逐漸成為顯學，大家一致公認的里程碑，即是美國生態學家卡遜女士於一九六二年出版其經典著作《寂靜的春天》（呂瑞蘭、李長生，2004）。這本書控訴那些使用強烈殺蟲劑破壞生態平衡的作法，在當時產生振聾啟瞶的效果，也讓世人開始意識到環境保護與生態保育的重要和必要。殯葬活動一向講究「入土為安」，但是現今地球上六十七億人口，死後倘若都要躺著占塊地，就會構成嚴重的環境問題。關於環境倫理議題可以從對環境的探究，追溯到自然與宇宙方面的問題，本章便從最廣義的宇宙哲學開始討論。

第一節　環境倫理學與宇宙哲學

　　哲學在西方是一門相當古老且無所不包的學問，至今已有兩千六百多年歷史；歸納它所探討的問題，則不外「宇宙」與「人生」二端。作為哲學學者，我對宇宙與人生皆十分好奇；甚至以《宇宙與人生》為題，撰寫博士學位論文。當代新儒家哲學家唐君毅對此種二分觀點，曾有如下觀察：「據我多年的經驗，一般青年學生，一般社會上的人，所易感到之哲學問題，仍是如何從自然宇宙，去看人之生命心靈之地位價值，以定其人生文化理想的問題。人如此去想，易有常識、一般科學知識與流行的哲學意見作憑藉。」（唐君毅，1975：自序 1）他認為「從宇宙看人生」的道路，乃是「最彎曲的路」；唯有「從人生看宇宙」，方能

「直透本原」。平心而論,這兩條進路都是為學與做人的方便法門,西方人擅長前者,中國人強調後者,有可能殊途而同歸。

「宇宙」一辭係由「宇」與「宙」兩個概念所結合,它們分別指「上下四方」及「古往今來」,亦即空間和時間。空間與時間構成整個世界,人類就存活在這個世界中。古代《易經》便自視為涵蓋天、人、地「三才」之道,無所不包。人既然居於天地之間,就應該學習與天地共生的道理,並且懂得如何頂天立地。在很長一段時間裡,人類仰觀天象,認識到日月星辰跟我們的關係;並且從大化流行中,引伸出許多做人處事的道理。而無論是素樸自然的或人文化成的宇宙觀,在上個世紀內,由於觀察天象工具的進步,幾乎已經完全被科學技術的宇宙觀所取代。科學宇宙觀開拓了人類的視野,研究成果使人們相信宇宙至大無外,相形之下,人類便益發顯得渺小。如今身居地球的我們,只能謙虛地表達自己有限的「世界觀」,很少再高談「宇宙觀」了。

藉著太陽所提供的能量,地球基本上屬於一個自我調節的穩定系統;近五千年內,它穩定地支撐住人類所創造的幾個大型文明,並且讓大家寄望能夠永續發展。但眼前的情況似乎不容我們太過樂觀,例如媒體上不時顯示的氣候異常現象,以及此起彼落對於「全球暖化」的討論。哲學學者就此有所反省:「全球暖化與天災加劇之間的關係,業已藉由一些超級電腦模擬得到證實,也讓氣象學者更加憂心。……進一步來看,全球暖化的問題只是當代眾多環境問題中的一環。在當代人的生活經驗中,早已陸續接觸了溫室效應、臭氧層、酸雨污染、沙塵暴、生物多樣性等等新穎的名詞;這些名詞代表著一個一個威脅人類生存條件的環境問題。」(朱建民,2004:1-2)面臨環境危機,我們要任其惡化,還是力圖改善?大家心裡的答案,相信已趨於一致。

改善環境的作法，其實不是要繼續戕天御物，而是要做出順天應人的反璞歸真式努力。這是一種「人文自然主義」的實踐，亦即通過人文實踐以促成自然關懷，其真義為：「所謂環境問題，並不是人類與自然的矛盾與衝突的問題，而是今天生活在自然中的人與未來生活在自然中的人的關係問題。破壞環境並不是對自然的不負責任的行為，而是對後代的不負責任的行為。要善待自然這一點，總是與人類的利益相關，善待自然就是善待人類的生存條件，就是善待後人。」（甘紹平，2002：160）此一看法反映出一套無涉於佛教輪迴說的新「三世」觀：對前人要「感恩」、對現狀要「惜福」、對後代要「積德」，此即集儒道兩家思想精華的「中國人文自然主義」。它將宇宙與人生問題融會貫通，對殯葬的環境倫理大有啟發。

殯葬環境倫理的關鍵問題就在遺體處理，包括入殮前後的停柩、出殯之間的禮俗，以及安葬之後的占地等。大陸學者對此指出：「自然環境是人類賴以生存的基礎，……全球性的環境問題，給地球的生命包括人類的生存和發展帶來了巨大的災害。特別是在對遺體處理的殯葬行為中有所不當的話，則更會造成對自然環境的嚴重污染。因為對自然環境而言，遺體是一個巨大的『毒品庫』和『病菌庫』。」（陳瑞芳，2004：125）仔細想想，土葬污染土壤和水源，火葬污染空氣，但是人死又不能不安葬，因此人文性的各種葬法，實有必要做出順應自然性的基本考量。本書提倡不占地的環保自然葬，這與當前兩岸盛行火葬後晉塔或入土的作法有一段落差，有待通過提倡殯葬的環境倫理學逐步改善，但扭轉人心還是得從革新宇宙觀做起。

第二節　西方宇宙哲學與殯葬

　　倫理學屬於哲學的一支，討論環境倫理學必然會接觸到更大範圍的環境哲學。哲學探究的對象可歸納成宇宙與人生兩大方面，而人既無逃於天地之間，人生問題實與宇宙問題息息相關。如今大家都知道宇宙的範圍相當宏大，所以不願奢談；但是將「宇宙」概念還其本來面目，其實指的便是我們所生存的時空，也就是這個以地球為中心的世界。地球世界上存在著自然環境和人文活動，環境哲學及倫理學的理想，乃是創造人文活動與自然環境的相輔相成、和諧共榮。人類即使一時達不到此一理想境界，也不應該有意或無意地戕喪自然環境。問題是人們不懂得改善現況，恐怕有部分原因是出於無知，而這乃是教育的責任。環境教育不止要討論環境科學、環境哲學，更要深入到科學哲學、技術哲學、自然哲學、宇宙哲學諸方面，始能面面俱顧，無所偏廢。

　　本章所討論的宇宙哲學，可視為傳統的、廣義的提法，而與後面章節要紹述的人生哲學相對照。對宇宙哲學與人生哲學的非學理、不嚴格定義，即指一個人的自然觀和人生觀。西方哲學中的自然觀，的確是從探索宇宙開始的，它後來演變出自然哲學與自然科學；而當十七世紀「科學革命」以後，自主的科學和技術不斷發揚光大，哲學家只好退後一步，改為探討「後設」於科技的科學哲學與技術哲學。由於現今的殯葬活動已發展成一門專業，並形成廣大的企業組織，因此無論在執行專業或組織管理時，都必須兼顧科技與哲理。眼前論及西方宇宙哲學與殯葬的關係時，至少要談到自然哲學與科技哲學兩方面。其中自然哲學屬於「前科學的」哲學，亦即在科學成熟前對自然的哲學性看法；而「後科學的」科技哲學，則屬於對科學觀點及科學活動所進行的哲學批判。

　　自然哲學雖然具有前科學的素樸性質，但是當代最令人矚目的自然

哲學觀點，卻出自一位諾貝爾醫學獎得主之手。一九七〇年法國分子生物學家莫諾出版《偶然與必然——現代生物學的自然哲學評論》一書，立刻蔚為暢銷，並且被美國《新聞週刊》選為二十世紀百部鉅著之一。莫諾寫道：「我們該往何處去尋找真實的源泉，真正的科學社會人道主義的道德靈感呢？除了向科學企求其源泉之外，並沒有他途。……真正真實的探求必然歸此結論。舊約崩潰了，人類終於覺察自己是孤獨地一個，生存在自己曾經從偶然中誕生出來的，這個冷漠而不關心，而又無依無靠的宇宙茫然的空曠裡。誰都不曾規定過他的命運，也不曾規定過他的義務。但是，他必須獨自個下決心選擇王國樂土或黑暗的奈何地獄。」（劉鴻珠，1977：200－201）這是無神存在主義式的「科學人文主義」最佳註腳。

　　西方宇宙哲學裡的「科學人文主義」，不但為科學家所提倡，也受到哲學家的認同。上述科學家莫諾把它視為自然哲學的結論；而二十世紀長壽哲學家之一的波普，更將它作為科學哲學的基礎。我的碩、博士學位論文皆研究波普，對他的思想有所闡述：「波普是一位人本論者，他的哲學路數是從探究世界或宇宙結構出發，再及於『包括』關於這個宇宙的『我們的』知識問題在內的，人類在宇宙中地位的探討。波普關心的重點是宇宙結構與人生處境，對此的見解構成他的唯實哲學。他也同分子生物學家莫諾一樣，認為對宇宙知識的增長，有助於對人生倫理的瞭解。」（鈕則誠，2006：204）這些都是典型西方「從宇宙看人生」的論點，在本書所秉持的「新中體西用論」方法學綱領觀照下，還是具有「西用」的豐富價值，有待殯葬業者及消費者深刻體認。

　　簡單地說，「科學人文主義」倡議「善用科技以增益文化」的作法，是最有益於現今殯葬活動的。殯葬具有衛生、管理、文化三大面向，西方人看重前二者，並將後者交給宗教安頓，一切從簡；臺灣則剛好相

反，獨重文化形式卻忽略其內涵，雖然繁文縟節一大堆，亡者、家屬及追悼者仍舊未受到應有的尊重。在殯葬改革的呼聲中，我們建議大家在參與殯葬活動時，一方面要簡化與淨化禮俗，一方面更要自覺地提高衛生與管理意識。在「新中體西用論」的綱領指導下，採用西方的科學技術，確實做好公共衛生和企業管理工作，但是不能忘記必須體現出華人倫理道德。至於禮俗文化方面，強化哲學倫理文化、淡化宗教信仰文化，殯葬改革才有希望。西方宇宙哲學對殯葬最大的啟示，即是上述的唯物、唯實思想。「人死如燈滅」，殯葬則為生命點亮一絲美感，映現一段情誼，如是而已。

第三節　中國宇宙哲學與殯葬

　　如果西方宇宙哲學所彰顯的「科學人文主義」對殯葬活動深具啟發意義，那麼中國宇宙哲學要呈現的「人文自然主義」就更不能被忽略。人文自然主義原本也是西方觀點，我曾簡單陳述如下：「源於西方的人文自然主義，主張價值乃是基於自然情境而為人類所建構，通過經驗研究則可以肯定由人性形塑倫理與審美價值的看法，自此激勵人們通過互助快樂地生活；而這種自然而然的價值觀，並不需要任何超自然力量的支持或認可。換言之，西方的人文自然主義是善用科學並揚棄宗教的，但是轉化到中國來，並沒有需要被揚棄的宗教。」（鈕則誠，2004：318）轉化後的中國人文自然主義，以儒道二家思想精華的融會為主要內涵，亦即「後現代儒道家」。通過「新中體西用論」，將中國人文自然主義和西方科學人文主義加以統整，就形成「後科學、非宗教、安生死」的「後科學人文自然主義」。

　　聽起來有點複雜，但這正是殯葬倫理學的中心主旨。「安生死」當

然不必說；「後科學」係指「駕馭科技而非為其所左右」，相信也不難做到；我真正想凸顯的，其實只有「非宗教」一端。多年來我不斷澄清一件事：「宗教為團體活動，信仰屬於個人抉擇。」一個人可以選擇信仰任何宗教，也有權利完全不信教。不信教不代表沒有信仰；「游宗」式的民俗信仰，或是反身而誠下的人生信念，都是廣大華人民眾的選項。但是除了儒道兩家的人生信念外，華人社會的民俗信仰及宗教信仰，大都在「死後生命」觀念作祟下，走上鬼神崇拜途徑，而這就是殯葬改革必須盡量轉化的觀念。說「轉化」而非「革除」，是因為它的根深柢固。不過它雖然沒有認知意義，卻具有美感價值，仍然值得人們欣賞玩味。

　　大陸奉行社會主義，相信唯物思想，對宗教信仰不禁絕，但也絕不鼓勵，這無寧是好事。平心而論，宗教信仰勸人為善，是應該發揚的倫理實踐；然而從「真善美」三合一的觀點看，是「善」的不必為「真」，卻可以是「美」。如果把「死後生命」當作唯美的看法，我欣然接受；然而要當真，便違反了我所受的哲學訓練。任何學過哲學的人都會一眼看出，「死後生命」概念乃是邏輯上的矛盾。通常人們把死亡視為生命的結束，既然如此，其後又何來生命？有意思的是，任何宗教系統幾乎都沒有例外地向世人許諾對死後生命的安頓，連佛教亦作如是觀。其實佛教思想深具哲理性，在東傳逐漸中國化以後，很有理由擺脫其印度教根源中的輪迴轉世觀念，而走向平實的人生信念境地。只是在僧團制度的護持維繫下，它仍然以宗教面貌示人，也就與儒道二家的現世主義擦身而過。

　　中國最能夠參悟生死的人首推莊子，「現代生死學」創始人傅偉勳，便推崇莊子為「心性體認本位的中國生死學的開創者」。他對莊子生死觀的看法是：「在生死問題的哲理探索上，莊子與佛教有不謀而合之處，即當下就宇宙的一切變化無常去看個體的生死，從中發現精神解脫之道。萬事萬物的生滅存亡，皆逃不過自然必然的變化無常之理，

如要破生死、超生死，必須擺脫個體本位的狹隘觀點，而從道（變化無常之理）的觀點如實觀察個體生死的真相本質。……莊子在這裡以氣之聚散說明生死現象的變化無常、循環無端，十分反映中國傳統特有的陰陽氣化宇宙論……。」（傅偉勳，1993：167－168）氣聚氣散、緣起緣滅，道佛兩家皆體悟出世事無常的道理，因此勸人莫要執著，以免自尋煩惱。簡化與淨化的殯葬活動，正是了生脫死的最佳例證。

中國宇宙哲學與生死變化和自然觀照的相輔相成，在道家思想中最為明顯：「道家認為靜心之道在於了解自然，了解自然，就要了解變化，並且順應變化。……研究變化最大的困難，是很難知道變化交替之間，何時由一種變化進入另一種變化。……將各種衝突與矛盾予以綜合及協調，這是科學上常見的現象，在道家的文字上這種趨勢表現得尤其清楚。……一般說來，道家不作宇宙開創論的發揮，因為他們很聰明，深知道天地創成的作用是永遠無法洞悉的。」（程滄波，1985：114－116）生死原本自然而然，即使是非自然死亡，也只能盡量用比較自然的方式去加以調適，否則便會煩惱不斷。不管如何死亡，終究是個了斷；而殯葬的積極作用，就在於對此了斷劃上美好的圓。我寄望用簡化與淨化的殯葬過程帶來美化的效果，「小而美」豈不是好？

第四節　天人合一的殯葬活動

《殯葬管理條例》第二十五條載有：「埋葬屍體之墓基保用年限屆滿時，應通知遺族撿骨存放於骨灰（骸）存放設施或火化處理之。埋葬骨灰之墓基及骨灰（骸）存放設施使用年限屆滿時，應由遺族依規定之骨灰拋灑、植存或其他方式處理。」而其說明則指出：「明定公墓墓基與骨灰（骸）存放設施使用年限之議決及使用年限屆滿之處理方

式，以促進土地之循環利用，節約土地資源。」這已經明白表示，殯葬活動必須顧及環境保護，無論是遺體土葬還是火化塔葬，骨灰骸到頭來都必須取出另行加以樹葬或拋灑葬。既然如此，又何必當初？若無遺族家屬善後，二次葬或三次葬只好任憑業者處理，又情何以堪？自殯葬倫理立場看，還不如火化後進行一次性處理，安享羽化成仙的飄逸，達到天人合一的境界，豈不是生命最佳歸宿？

中國倫理學不但討論人際關係，還關注天人關係，這是以天人哲學為基礎的。天人哲學與倫理屬於第七章的主題，眼前僅初步介紹具有「天人合一」意義的殯葬活動。辭書對「天人合一」的解釋為：「天人合一的思想，是儒家哲學的基本信念之一。……儒家認為：萬物莫不有情，有情者莫不相感，相感者莫不和諧。天人合一思想的終極境界，就是要達到萬物相和諧的太和世界。……道家也有天人合一的思想，代表一種精神的境界，在莊子哲學裡，同樣也具備一套修養的工夫，以達到這種境界。只是在道家，這種精神境界與觀照的藝術境界，是渾同而為一的。這種現象，在儒家也很難避免。」（韋政通，1977：112-113）這是說儒家的天人關係建立在倫理實踐上，道家則反映在美感體驗中。一旦儒道融通，同樣可以達到西方哲學「真善美」三合一的境界。

將儒道二家的「天人合一」理念及理想加以融通，用於殯葬活動中，需要先行大幅提升業者和消費者的人文素養，否則將只及於皮毛。「素養」包括「素質」和「修養」；素質是內斂的，修養有待外爍。外爍的工夫如下：「人的自我修養實質上就是通過不斷的自我調節來完善自我並進而同化和改造世界，這種同化和改造就包括對審美對象的同化和對審美意蘊的不斷發現。……內審美理論不僅擴展了人生審美體驗的範圍，把審美經驗從外部的實在世界引入內部的醒悟世界，從形象

的現象世界轉到生動的精神世界。……只有在內審美的世界裡才有真正意義上的天人合一。」（王建疆，2003：自序3－4）西方的應用倫理學向科學求緣，中國的天人倫理觀則朝美感靠攏。殯葬活動既是在為個別亡者和喪家料理後事，同時也有可能替整個社會帶來美化與淨化人心的效果。

　　在華人殯葬活動中，有一項扣緊「天人合一」思想的作為值得一提，那就是講究風水。風水即是堪輿：「堪輿為何稱風水呢？主要是受葬書（傳為東晉郭璞之著作）之影響。……中國自古即是一個安土重遷，家族聚居的社會，因此特別重視世代相傳的住宅以及家族聚葬的家山。堪輿學乃基於我國古代人文主義的宇宙觀，不但消極的順應自然，更要求積極的利用自然，故特別注重『生者與死者之所處與宇宙氣息中之地氣取得和合』之天人合一的最高境界。」（王士峰，2004：67－68）然而看重風水觀的結果，卻會產生違法濫葬的弊端。不過風水行之久遠，與其有心革除，不如加以疏導；亦即將「民俗風水」轉化為「環境風水」，並以後者作為環保自然葬的理論基礎（黃有志、鄧文龍，2002）。殯葬改革唯有像這樣因勢利導，方有可能事半功倍。

　　「天人合一」的境界並不神秘，不外乎「順應自然的和諧圓融狀態」，落實到殯葬活動上，首要考慮便是「勿造作」，到頭來則發揮「簡約為美」。從殯葬價值鏈來看，結緣時「以客為尊、視客如親」，以誠相待，對可能接受服務的客人面面俱顧，將服務項目及內容詳細解說，讓消費者產生信任與放心的感受，這便是倫理之美。到了洗、穿、化、殮的遺體處理階段，必須做到「視死如生」，在衛生無虞的情況下，用最體貼的方式潔淨與美化迅速腐敗的遺體，讓亡者以極其安詳的最後容顏別世，以告慰親友眾人。在殯儀會場上，告別流程必須提供家屬及親友充分的瞻仰和默哀時間，不得匆忙雜沓，否則就屬大不敬。最後在決定葬法上，一

樣可以看風水,但只是確定一個讓死者和生者都滿意安心的拋灑骨灰的方向。即使暫時入土或晉塔,也要配合大環境而進行,這便是「天人合一」。

結　語

　　「天人合一」是中國宇宙哲學的崇高境界,可以通過儒家的「慎終追遠」,或者道家的「反璞歸真」來實現。為了讓儒道二家的現世主義思想,能夠落實貫徹到殯葬活動上,我自西方宇宙哲學中,找出唯物論與實在論的宇宙觀,來作為中國思想奠基之用。唯有強調唯物的、實在的、現世的觀點,「人死如燈滅」的立場才站得住腳,「死後生命」的虛妄看法始有機會革新,殯葬改革方能得以順利推展。「死後生命」觀雖充滿矛盾,但不必根除,只需要創新。創新的作法是一方面減少它的宗教性關聯,一方面增加它的美感性內涵。換言之,喪禮告別式不再是宗教式科儀,而是美化的送行。每個人都不免一死,僅有先後之別而已。養生送死皆屬人之常情,讓它自然流露豈不是好?又何必隨俗造作呢?

課後反思

一、環境倫理也可以談「三世觀」:對前人付出要「感恩」,對身處現狀要「惜福」,對後代子孫要「積德」。請以自身經歷及體驗,就此加以闡述。

二、本章在論及西方宇宙哲學時,有意引用了一位科學家和一位哲學家的唯物論及實在論觀點,與此相對的乃是唯心論與觀念論。請問何者對殯葬活動較為有利?為什麼?

三、我認為不但「死後生命」概念犯了邏輯上的矛盾，連「輪迴轉世」
　　的想法也有邏輯性問題；死後何來生命？轉世又豈是我？對此種批
　　判，你以為然否？

四、「天人合一」思想用在殯葬活動上，可以是儒家的「慎終追遠」，也
　　可以是道家的「反璞歸真」。請據此對臺灣的殯葬現況加以分析評
　　論。

參考文獻

王士峰（2004）。《中國風水文化基因之探討：陽宅學實證研究》。臺北：五
　　南。

王建疆（2003）。《修養‧境界‧審美：儒道釋修養美學解讀》。北京：中國
　　社會科學。

甘紹平（2002）。《應用倫理學前沿問題研究》。南昌：江西人民。

朱建民（2004）。〈專題引言〉。《應用倫理研究通訊》，32，1－2。

呂瑞蘭、李長生 （譯）（2004）。《寂靜的春天》（R. Carson著）。長春：
　　吉林人民。

韋政通（1977）。《中國哲學辭典》。臺北：大林。

唐君毅（1975）。《心物與人生》。臺北：學生。

陳瑞芳 （2004）。〈殯葬活動中的生態環境道德觀〉。載於何兆珉、陳瑞芳
　　編著，《殯葬倫理學》（頁112－139）。北京：中國社會。

程滄波（譯）（1985）。〈道家與道教〉。載於陳立夫主譯，《中國之科學與
　　文明第二冊中國科學思想史（上）》（李約瑟著）（頁49－255）。臺
　　北：臺灣商務。

傅偉勳（1993）。《死亡的尊嚴與生命的尊嚴——從臨終精神醫學到現代生死學》。臺北：正中。

鈕則誠（2004）。《教育哲學——華人應用哲學取向》。臺北：揚智。

鈕則誠（2006）。《波普》。臺北：生智。

黃有志、鄧文龍（2002）。《環保自然葬概論》。高雄：黃有志。

劉鴻珠（譯）（1977）。《偶然與必然》（J. Monod著）。臺北：杏文。

心靈會客室

自然與自然葬

　　八年前有一天我開車載著太太自嘉義南下去高雄內門實踐大學出差，往程走高速公路由旗山進去，返程時看風和日麗適於旅遊，便沿著臺三線北上，打算接快速道路回家，沒想到在臺南玉井錯過路口，只好繼續順著山線往北開。那天我花掉三小時，開了一百三十多公里，還途經曾文水庫。在深山裡行行復行行，雖然彎來彎去十分累人，但是一路幾乎無車，加上秋高氣爽，景色宜人，的確不虛此行。在行過嘉義大埔、中埔一帶山區時，見滿山遍野盡是綠樹，心想這回可是難得地回歸大自然的懷抱。然而看著看著愈看愈不對勁，怎麼所有的樹木都長得一個樣兒？頓時恍然大悟，這那裡是什麼大自然！上上下下全是人工栽種的檳榔樹。當時我在嘉義已住了兩年，應酬時吃過不少檳榔，卻頭一次看見大片大片檳榔樹，覺得相當吃驚。

　　過去檳榔是臺灣第二大農作物，僅次於稻米；聽說近年已躍升至首位，連檳榔西施也逐漸轉變成文化產業。英文裡「農業」這個字的字根為「文化」，表示農業跟文化一樣，屬於以人為破壞自然的狀態。這種狀態有好處也有壞處，像人類受到文化的薰陶，變成文明人，就不再茹毛飲血了；而農業生產雖然餵飽了人們的肚子，卻也讓森林受到砍伐，失去水土保持的作用。臺灣人習慣吃飯，種稻米倒也說得過去；但是不見得人人吃檳榔，卻弄得開山伐木種樹，不免捨本逐末。不過臺灣人愛吃檳榔還是很有名，連澳門機場都有專櫃，提供海南島生產的檳榔，給臺商帶進大陸去享用，因為一入境就買不著了。吃檳榔不自然，種檳榔樹還會破壞大自然

，沒想到連買賣檳榔竟然都形成獨特的臺灣文化景觀，讓外來遊客趨之若鶩。

　　臺灣地狹人稠，除了交通不便的深山野林中，還有些自然氣息外，大概到處都被人工景象覆蓋了。而像我自幼生長於城市，說嚮往大自然只當是口頭禪；一旦被拋進自然界，恐怕還會求生不易呢！既然外界求之不得，只好反身而誠，轉而嚮往心中的夢土。也許是氣質使然，我自年輕當學生讀書時，就對儒家的仁義道德興趣缺缺，但也懂得謹守胸中的道理。倒是道家的自然無為深深吸引住我，歷四十年而不衰。正是這種對自然的期盼，使我認同自然葬法。每逢我教生死學，請同學們寫遺囑當作業繳交時，總會發現不少年輕人都選擇浪漫的拋灑式海葬。我在此與青年朋友的心態是一致的，只是我發現臺灣雖然四面環海，推行海葬卻存在著許多有形無形的困難，像未劃定海域、漁民反對等等。也許政府應該在這上面多做點什麼才是。

第六章　殯葬的環境倫理

　　本章引介殯葬的環境倫理，多方將西方的環境保護與生態保育觀念加以舖陳，希望讀者因此產生意識覺醒，開始瞭解本身的自然屬性，並且懂得尊重自然，進而肯定回歸自然。在殯葬活動上，這便意味選擇環保自然葬。全章以四節篇幅討論環境倫理與殯葬活動相關的面向：尊重自然、以人為本、永續發展、景觀倫理。西方環境倫理分化出以自然或以人文為中心的兩種關注，在現今看來，其實可以走出優勢互補的途徑；亦即將人的價值與自然的價值加以融會貫通，無所偏廢。人類必須學會與其他物種及自然環境和平共存，方能永續發展。經濟的和社會的永續發展，必須以生態的永續發展為前提，否則一切掛空。殯葬業對於永續發展的可能貢獻，是將傳統墓地改造為生態性紀念公園，使其景觀具有旅遊功能，而將「鄰避」轉化為「迎毗」。

引　言

　　作為應用倫理學三大分支之一的環境倫理學，是相當晚近才興起的學問，其意義為：「環境倫理學本身即是一門新興學科。《環境倫理學》這本學報自1979年創刊，首創『環境倫理學』一詞；1970年之前，還沒有這樣一個獨立的學科。廿世紀後半，由於科技進步、人口成長、經濟發展，人類與地球的關係轉變空前快速，已超出其負荷。1992年與2002年相繼舉行兩屆地球高峰會。總之，在全球生態危機的意識高漲之下，廿多年來環境倫理學之發展異常蓬勃。」（朱建民，2005：92）在前一章中，我們論及宇宙、世界、地球、自然、人類、科學、技術、發展、環境、生態等概念，它們大致構成西方環境倫理論述的相關議題。殯葬活動在硬體設施和軟體禮俗兩方面，都存在著影響環境的因素；利用西方觀點加以考察，或許能夠讓大家對此看得更清楚。

第一節　尊重自然

　　環境倫理學正式出現至今還不到三十年，而在這三十年間，臺灣所面臨的經濟發展與環境保護衝突仍方興未艾。把歷史景深放大為過去三百年，「經濟學之父」亞當‧斯密在十八世紀下半葉，創生了今日市場經濟的主要論述。他主張減少政府干預，讓市場機能去調節民間的自由貿易。但是這種觀點不僅適用於一般市井小民的日常生活買賣，也及於國與國之間的商業競爭。當時歐洲的海權國家正在世界各地拓展殖民地，造成殖民主義風起雲湧。受到自由競爭的風潮帶動，全球資源淪為一塊大餅被列強瓜分，中國在十九世紀的慘痛遭遇可為明證。這種自由主義式的經濟發展，其實也有許多正面效應，像促成民主政治、科技進步、工商業發展，

並且造就了新興的市民階層。到二十一世紀的今天，我們大都是以這種市民身分來看待周遭問題的。

　　小市民擔心的不外乎民生物資價格、交通紊亂情況、空氣污染程度、天災人禍頻繁，以及觸目所及景觀等等，也就是常聽到的「生活品質」。臺灣地狹人稠，但是靠著大家努力打拚，已經順利邁入發達國家地區之林。人們在賺錢之餘，也就是「量」的擴充之後，就開始想到「質」的提升。正是在這種心態普及下，各種「意識覺醒」不斷呈現，像消費者保護、環境保護、動物保護等組織及運動便應運而生。處於這種氛圍中，當眾抽煙會被人嫌，送葬隊伍敲敲打打也會造成公眾不快，破壞環境景觀更是會遭檢舉；一種比小市民心態更強烈的公民意識逐漸形成，且能夠跟全球性的脈動相互呼應。注重生態環保是西方人大力提倡的運動，臺灣也不落人後。傳統殯葬業者在走上企業化經營的道路後，對此不能不識。

　　西方先進國家的工商業在二次世界大戰後迅速發展，不但在生產過程中造成環境污染，連所生產的商品也有破壞自然之虞。前面提到的卡遜女士一九六二年名作《寂靜的春天》，就指出濫用殺蟲劑不但殺死昆蟲，連吃昆蟲的鳥兒也跟著送命，讓春天變得寂靜無聲。此書代表一種生態觀的大聲疾呼，沒想到就此風起雲湧。「生態學」之說最早出現在一八六六年，卻在百年後才得到世人的重視，它的性質為：「生態學並不僅僅是一門學問，除了向科學、哲學、藝術以及經濟學的傳統觀點挑戰之外，它還提出了一個新觀點。生態學所描繪的是一個相互依存的以及有著錯綜複雜聯繫的世界。它提出了一種新的道德觀：人類是其周圍世界的一部分，既不優越於其他物種，也不能不受大自然的制約。」（侯文慧，1999：10）由此可見，生態學逐漸受到重視，代表人們開始懂得尊重自然了。

　　尊重自然與敬畏自然不同；敬畏自然是把自然當成人的對立面，害

怕它傷害到人類,這是先民素樸的心態。西方人後來從敬畏自然走向探索自然,然後以其對自然的瞭解,進一步去征服自然,這便是科學和技術所做的事情。半世紀前,他們才警覺到自己已經走過頭,有可能面臨自然巨大的反撲,於是開始提倡尊重自然的生態環保觀念,並且力求改善。可惜做得不夠,讓全球暖化的現象愈演愈烈。簡單地說:「全球暖化的成因一方面是來自於溫室氣體之地方性累積,一方面也是透過大氣系統中的溫室效應而觸發全球系統性的氣候變異。」(游維倫,2004:22)大家也許很難想像,像汽車廢氣排放如此常見的事情,卻有可能導致如同電影《明天過後》一般的浩劫出現,而科學數據正顯示出人類命運的確有此可能。

大自然並非一片空曠,它還有其他各式各樣的物種生存於其間。達爾文的演化論告訴我們,萬物同出於一源,原始物種不斷接受自然淘汰,而有今日的生物多樣性。此即有名的「共祖」及「天擇」學說,如今已在基因的分子生物學層次得到印證。尊重自然的生態學觀點,除了要求人類盡量減少破壞生態環境的作為,更希望大家尊重生物多樣性,主動為其他物種安頓一個適於居住的世界。科學技術「戡天」的結果,人類也不可能再回到古老素樸純真的世界去,只好學習一方面跟一些「必要的惡」和平共存,一方面更不時開創各種可能的「善」。眼見全球各民族辦喪事者,戡天御物、勞民傷財的習俗不在少數;反觀我們身處臺灣蕞爾小島,能夠做環保就盡量做。如此不但造福自己的子孫,也算為全人類多所「積德」吧!

第二節　以人為本

尊重自然的生態環保觀念,在上世紀中葉風起雲湧興盛後,一度竟

然矯枉過正地反對起人類自身來了。一九六〇年代以後，出現各種反對「人類中心主義」的聲浪，連帶也形成不同程度的「眾生平等」論點，從維護動物權利到深層素食主義，甚至還有萬物有機論的出現，一時好不熱鬧。這種知識分子「意識覺醒」的現象，多少勸人為善，無寧是件好事。但是思辨推理的結果，有時會走到不近情理的道路上去。像尊重「眾生平等」而不殺生，那麼動物噬人或傳染疾病而造成人類喪命，又作何解呢？人類提倡「愛生惜福」，還是有一定的立場和止境；我不贊成「人類中心」的妄自尊大，但是倡言「以人為本」的推己及物。我相信這就是「仁民愛物」的人類，為地球、為自然負責任的立場，也就是我在前章所強調的「人文自然主義」中道精神。

　　西方學者的觀點縱使有時不近人情，卻顯示出一定的深度。環境倫理學在過去三十年的成長，大致發展出兩大陣營：以人為本的「人類中心主義」、以環境為本的「自然中心主義」。照字面上看，彷彿只有後者才具備「政治正確性」；但二者並非截然二分、勢不兩立的，其間仍存在著互補空間，像提倡「環境人權」便是一例。環境人權的提倡者認為：「作為現代社會的四種特徵：污染、資源的過度使用或錯誤使用、生物多樣性的降低以及棲息地的破壞，成為了當下主要的環境問題的根源。而對兩項普遍人權的尊重可以部分地解決這些問題，這些人權包括：(1)使環境免受有毒污染的權利；(2)享有自然資源的權利。」（李隼，2007：239）這是把環境權融入人權來爭取的作法，比較有可能實現。畢竟破壞環境的是人，能夠解決問題的也是人。

　　從「環境人權」的提倡，可以進一步走向「環境正義」的實踐與實現：「『環境正義』透過『治理』的過程，落實或維護『環境人權』。『治理』包括社區，社會和國家，以及區域和全球的公共議題，同時亦包括各種事業和工業公司和組織的運作與發展方向的決策。『生

態學』的整合性特質，有助於『環境正義』的具體化。」（鄭先佑，2005：23）此處言及「人權」、「正義」，是道道地地的西方「正義倫理」觀點。此種正義倫理，也只有在人心的價值天平上得到肯定。平心而論，是人類創立了生態學，然後設身處地去思考並從事環境保護與生態保育。人類中心主義者大概就停留在這個境地，以人為本地兼顧環境；而自然中心主義者則更進一步，去彰顯自然世界的內在價值，由此形成一套「生態倫理學」。

　　倘若以人為本的正義倫理是人類中心的環境倫理，那麼賦與自然界內在價值的生態倫理便是自然中心的環境倫理，它具有如下內涵：「自然界的價值與權利是生態倫理學的基礎理論，藉這種價值給予權利的認識，人類方能發展出倫理的行為。尚且價值與權利是關聯的，從自然界價值的確認，會導致自然界權利的確認。自然界具有內在價值，為實現它的價值，它必須享有一定的權利。因此，生態倫理學者把承認自然界的價值作為出發點，主張把道德權利從人類擴展到動物、植物和自然界其他存在物。」（楊冠政，2003：60）這種觀點有意思之處，是把倫理道德所具備的價值認定，先投射到大自然身上去，再讓它折射回來，以肯定人類和其他物種以及萬物的價值。姑且不論這種作法是否站得住腳，但它無疑反映出西方環境倫理學的深度。

　　往深一層看，此類論點多少帶有一些宗教類比性。例如有人便主張說，基督宗教乃是把完美的父親形象投射到上帝身上，再讓祂來眷顧自己創造的子民。而其他宗教也不乏相仿的信仰對象原型。這或許是渺小人類衷心嚮往真善美的精神昇華，然而放眼看天下，我們所賴以生存的地球，與真善美的境界不但相去甚遠，還有益發趨於惡化之勢。當前人類一方面固然可以透過宗教信仰，或者接受類似宗教性質的觀點指引，以求改善現狀；另一方面也不妨從人本主義出發，「知其不可而為」、「雖千萬人吾

往矣」，擇善固執地發心奉獻。以人為本的人本主義就是人文主義，也接近人道主義。它在西方世界一開始是以反對基督宗教以神為本的姿態出現，但是在後現代「肯定多元，尊重差異」的氛圍中，也開始與宗教信仰攜手合作。「有容乃大」方能永續發展，這是下節的主題。

第三節　永續發展

　　前面兩節所引介的內容，主要在呈現西方環境倫理學兩大陣營的立場，那便是對自然本身的價值加以關注，或是對人心關注自然這件事加以肯定；前者具有類似宗教的情操，後者則反映出人文關懷。基督宗教與人文主義的對立，從十五世紀文藝復興時期開始萌芽，在十八世紀啟蒙時期達於顛峰，至二十世紀還先後出現三份〈人文主義者宣言〉以明志。然而時至今日，受到後現代容許多元觀點並存的風潮影響，雙方已經沒有那麼針鋒相對，開始坐下來對話，尋思如何在新世紀內，讓我們賴以存活的唯一所在──地球，得以永續發展。「永續發展」是個外來名詞，大陸上譯為「可持續發展」；它既能夠用於對宏觀的全球面及國家面之考察，也可以觀照到微觀的企業面甚至個人面之規劃。這無疑可視為一種發展倫理。

　　長期擔任臺灣行政及立法部門有關永續發展議題諮詢顧問的大陸學者陶在樸，對此有所闡述：「如果說資本主義是人類的必由途徑，那麼至少我們應該知道，資本主義廿一世紀的特徵是由成長資本主義向生態資本主義過渡。……生態資本主義強調兩項基本倫理：第一、『人享有利益不等於人享有權力』，人類從自然環境中獲得利益，但不等於人擁有統治自然的權力。第二、『代與代之間的選擇自由度應對稱』，比如現代人可以選擇核電廠、水壩、高速公路用掉自然贈與的土地，後代人選擇土地運用的自由度便減少。」（陶在樸，2002：

308－309）以此觀之，殯葬活動即涉及占地與否的問題。如果每個死人都要占塊地，不管是墓穴還是塔位，那麼後人的選擇也就相對逐漸減少，終至無地可用。當然這只是假設狀況，但是值得我們進一步思考。

　　希望亡者入土為安乃人之常情，實在無可厚非；但是在自然資源的利用上，卻呈現無可取代的窘境。改善之道的思考方向之一，即是反璞歸真式的環保自然葬。既然墓地由自然界取得，那麼將墓地轉化還原成另外一種可供人們親近的自然環境，或許是可行途徑。學者建議：「『環保自然葬』的墓園，主要是將墓園設計規劃並建設成美麗幽靜的景觀花園之外，園內還必須廣植花草綠化，使阡陌相接，井然有序，讓人有明亮舒爽之感……更重要的是『環保自然葬』的墓園，必須朝永續經營發展，且最終的造園目的是使其成為適合民眾生態旅遊與休閒遊憩的公園，如此不僅改變國內墓園刻板印象而發展精緻的品質，而且也發揚中國慎終追遠的優良傳統。」（黃有志、鄧文龍，2002：52）這是很不錯的理想，有待大家集思廣益地構思並加以落實。

　　事實上，學者在著書立說時，已經有了初步構想：「『環保自然葬』墓園，講求的是『節葬』與『潔葬』的原則，對自然的地景、地貌等，盡量不加破壞，以保護生態環境的方式來經營……。就實質規劃方面，可朝設置國家示範的文化的、生態休憩的、教育的與慎終追遠的綜合性墓園的方向來思考；所謂生態遊憩的墓園，即如上述為一種休閒遊憩與觀光資源與景點定位，連結鄰近風景點成系統觀光遊憩網絡；教育的墓園，將死亡視為生命的一環，視生命自然完成的積極作為；有創意地在示範墓園，建立一座慎終追遠的視聽生命館，隨時供人憑弔，以見賢思齊。」（黃有志、鄧文龍，2002：52；55）這種墓地的規劃，已經充分將「永續發展」的理念與理想納入其中，剩下就看政府如何有效推廣，以及老百姓接受的程度了。

　　「永續發展」的想法，早在一九七二年即由聯合國視為全球性目標，並於一九八〇年具體提出，其目標包括生態、經濟與社會三方面：「就生態而言，永續發展的目標是追求整體自然生態體系的穩定、協調、良好、自主與發展。就經濟而言，永續發展的目標是追求持續而穩定的經濟成長，以達到人類最大的福祉。就社會而言，永續發展除了基本需求的滿足，也需著重社會安定、公平，與個人特殊價值的最大滿足。而『好社會』則是最終極境界。然而永續性經濟及社會必須架構在永續性環境與生態體系上，若生態環境不永續即沒有真正的永續，也就談不上永續經濟與永續社會。」（龐元勳，1999：14）所謂「物有本末，事有始終」，人賴以生存的環境乃是一切發展的基礎，環境倫理從各方面反映此點，以下即介紹與殯葬密切相關的景觀倫理。

第四節　景觀倫理

　　殯葬業經常自稱為「生命事業」，雖然有避諱之用意，但也彰顯出殯葬作為一類「生命禮儀」的特性。華人的生命禮儀分為「冠、婚、喪、祭」四大類；冠禮係成年禮，祭禮屬宗教性或民俗性禮儀，此外就是一般人常接觸的「紅、白」二禮。喪禮是古禮，歸於「吉、凶、軍、賓、嘉」五禮中的凶禮；人們一向趨吉避凶，卻又為謹守禮法不得不接觸。現代人的處境依然如此，明明知道殯葬乃民生所必需，卻又打心底排斥它；尤其是對殯葬設施的鄰避態度，讓殯葬業者的生存空間受到極大壓縮。「鄰避」亦為西方觀念，它的直接說法是「不要設在我家後院」，亦即不歡迎一些公共服務設施在自家附近出現，通常指向加油站、變電所、飛機場、屠宰場、垃圾場、焚化爐等，當然包括四大殯葬設施。

　　地政學者何紀芳曾對大臺北地區的都市服務設施鄰避效果進行調查

研究，發現殯葬設施中的火化場、殯儀館及公墓，分列鄰避效果最大的前三名，皆接近重度鄰避等級的上限，其指數為中度等級的一倍以上。考其原因：「大部分的受訪者認為『造成心理的不愉悅』為主因，其次為公墓的『破壞景觀』、殯儀館的『噪音』、火葬場的『空氣污染』，此外也有不少受訪者認為殯葬設施會『影響附近房地產價格低落』。」（李欽漢、李永展，1999：71）但情況必然如此不堪嗎？看看美國洛杉磯地區所呈現的景觀：「一座私人經營的『森林草原生命紀念公園』的墓園，……常有附近中小學生，在此舉行戶外教學、野餐等。而鄰近社區的各類藝文活動、音樂演唱會、政見發表會、婚紗攝影、結婚典禮、嬰兒週歲慶典等也都在該園區內舉行。」（黃有志，鄧文龍，2002：53）

　　人家是如何做到的？我們學得來、做得到嗎？不嘗試改革創新，當然永遠做不到！如何化「鄰避」為「迎毗」？不妨從外在的景觀改善起，再尋求逐漸調整內在的心理。景觀的重要性在於：「景觀不但包含美感，也反映人與自然，人對生命的價值肯定在內。怎麼樣的景觀，即反映怎麼樣的社會生態，怎麼樣的生活與怎麼樣的人的面貌，豈可輕忽。」（李瑞全，1999：12）至於景觀的意義與內容則為：「景觀是由人們辛苦耕耘出來的，由人類創造或修改自然而來，由其中，我們得以窺見人類的價值觀念。……景觀表達出我們的想法。……經過人們的手，我們在自然界中擷取我們所需與創造樂趣。景觀包括田野，村莊，城市中的開放空間，國家公園，做為遊憩用的湖泊，市郊，花園。」（張德輝，1999：25）

　　由上述引文可以得知，景觀乃是人心的創作，其素材即是自然環境。但是這種創造並非強加改變，而是盡可能地順應自然。從事景觀設計工作，既是美感的體現，也屬倫理的實踐，其奧義為：「對於景觀專業

者（甚或可指大眾）而言，對於生態的重視，於態度上即是對於環境中複雜的元素及作用的包容力（無論生物或非生物、自然或人文），體認每個地方有其形塑的過程及其階段性成果，用愛去尊重每一個環節中的貢獻者，接納其獨特性與自主性。……對景觀的關懷，應就是投注心力於了解認知景觀中每個自發性的作用，而後加以保留或發揚，因為這些自發性的天、時、地、物才是景觀生命力的源頭。」（蔡厚男、呂慧穎，1999：31）這裡指出，景觀設計的最高指導原則乃是「順其自然」；以人文的努力去為自然服務，即是人文自然主義的真諦。

殯葬設施如果純粹作為設施使用，人死後入土或晉塔，只有一代子孫會去祭掃，三、五十年之後成為孤魂野鬼，這就失去了永續發展的、景觀設計的意義。帝王陵寢、名人墓園為何有人不避諱地去欣賞、留連？那是因為將殯葬設施結合上觀光旅遊。如果名人墓地可以作為文化旅遊景點，一般墓園又何妨改造成生態旅遊勝地？由生態旅遊中，人們可以走向反璞歸真的境地：「人是從自然而來，是不可割截於自然的自然的成員之一，擁有各種自然的稟賦……在此活動中，人來到自然中暢遊，可以說，無非就是要通過同質性的對照、召喚與互動，而重新喚醒和體現自己的本性，並且從而找到自己的真正歸屬。」（蕭振邦，2002：19）如果殯葬業創造價值的活動，是從「無後顧之憂」到「賓至如歸」，那麼用環保自然葬去設計景觀，肯定給予人們一種回家的親切感。

結　語

　　西方的環境倫理學雖然開展還不到三十年，但是他們關切自然生態的呼聲卻已經超過半個世紀了。環境保護與經濟發展之間的張力始終存在，而且在人們可以明顯感受到的氣候異常現象中，大家一方面仍在怪罪大工業製造污染，一方面也開始動手做環保了。殯葬業不是大工業，在臺灣又多為禮儀服務業，但是業者所服務的每一件個案，都有遺體何去何從的問題。是土葬還是火化？是入土還是晉塔？是久存還是拋灑？當事人與家屬的決定，在在與自然資源的利用緊密關聯。本書追隨《殯葬管理條例》的指示與精神，提倡環保自然葬。本章引用了許多西式環保觀點，目的正是想帶動業者及消費者的「意識覺醒」，自覺地揚棄傳統習俗中最引人詬病之處，包括迷信、避諱、厚葬、亂葬等。下章將進一步開發中式的改革創新之道。

課後反思

一、生態學提示人們認識一種生物鏈的觀念，讓大家瞭解各物種之間的
　　關係，其實是環環相扣、緊密相連的；一旦失去平衡，便會產生災
　　害。請舉身邊或新聞中的例證加以說明。

二、環境倫理學之中有一派主張眾生平等，賦與各物種相同的價值；另一
　　派則看重差等之愛，在愛生惜福中仍以人為重，因此受到前者批判。
　　請提出你自己的看法。

三、「永續發展」在臺灣不只是口號，也是一項政策。但也有些人把它想

成企業經營的策略觀點；這不能說錯，也不完全對。請問你心目中的
「永續發展」作何解？

四、西方國家的公墓像公園，這在臺灣卻彷彿是一個遙遠的夢。政府多
　　次派員出國考察，卻推不動任何有效改善創新之舉。你認為問題癥結
　　何在？

參考文獻

朱建民（2005）。〈人類中心主義的爭議〉。載於朱建民、葉保強、李瑞全編
　　著，《應用倫理與現代社會》（頁57－96）。臺北：空中大學。

李　隼（2007）。〈譯後記〉。載於李隼譯，《環境人權：權力、倫理與法
　　律》（J. Hancock著）（頁239－240）。重慶：重慶。

李欽漢、李永展（1999）。〈都市中的「淨土」！？──都市殯葬設施的永續
　　規劃觀點〉。載於中國土地經濟學會彙編，《殯葬文化與設施用地永續
　　發展學術研討會論文集》（頁67－81）。臺北：中國土地經濟學會。

李瑞全（1999）。〈景觀倫理〉。《應用倫理研究通訊》，11，11－12。

侯文蕙（譯）（1999）。《自然的經濟體系──生態思想史》（D. Worster
　　著)。北京：商務。

張德輝（譯）（1999）。〈自然景觀與藝術一體〉（L. Halpnin著）。《應用
　　倫理研究通訊》，11，24－29。

陶在樸（2002）。《如何寫評論文章：從文化基因談起》。臺北：弘智。

游維倫（2004）。〈新時代，新難題──展望對治全球環境難題之專屬倫
　　理〉。《應用倫理研究通訊》，32，21－31。

黃有志、鄧文龍（2002）。《環保自然葬概論》。高雄：黃有志。

楊冠政（2003）。〈生態倫理學的內涵及其實踐〉。《應用倫理研究通訊》，

26，57－74。

蔡厚男、呂慧穎（1999）。〈景觀倫理〉。《應用倫理研究通訊》，11，30－
　　32。

鄭先佑（2005）。〈環境正義、環境人權和治理的歷史淵源與關係〉。《應用
　　倫理研究通訊》，36，19－25。

蕭振邦（2002）。〈生態旅遊：某種發生在人內部的活動〉。《應用倫理研究
　　通訊》，24，10－27。

龐元勳（1999）。〈永續發展的內涵與觀點〉。《應用倫理研究通訊》，10，
　　8－15。

心靈會客室

意識覺醒

在完成本章當天上午，我去參加臺北市殯葬評鑑工作，一共看了三家；兩家大公司比鄰而設，一家以承包醫院太平間服務客戶而知名，另一家則以廣銷生前契約而讓人印象深刻。他們皆極具規模，也都正派經營，當然列為績優業者。單從公司內部及門市空間擺設，以及服務人員的形象和舉止，很難把他們跟傳統的殯葬業聯想在一道。尤其近年中大型業者更紛紛以「生命事業」或「生命科技」為名，更是把小型傳統行業遠遠拋到後頭去。大企業的連鎖單位一家家地開，市場占有一天天擴充，再加上政府積極實施證照制度，並推動教育訓練以落實殯葬改革，日後總有一天會像「7-11」取代小雜貨店那般情景，讓傳統業者逐漸退場。這當然是消費者之福，但是整個殯葬業完全落於大型業者之手，似乎也非改革良方。

上午在一館對面評鑑兩家，主辦單位請客吃雲南過橋米線，然後上高架橋跨過半個臺北市，到二館附近臥龍街訪評另一家傳統業者。結局果然像同行官員說的一樣，沒有什麼好評的，大家坐了不到五分鐘便打道回府。原來臺北市殯葬評鑑分自願報名與強迫參加兩類，自願商家多有心一爭高下，以績優的表現來吸引消費者；強制受評者多不願配合，加上評鑑本身並沒有罰則，主管機關只好讓他們自生自滅。像我今天看的這家，登記營業的項目一大堆，卻只做墓地仲介，與要接受評鑑的禮儀服務業務完全無關，卻讓大夥兒白跑一趟。最後只能建議他們盡快註銷禮儀項目，以免名不副實。出門時我回頭一望，看見隔壁樓上那間自己四十年前初中時

代住過的老公寓，牆上一片斑駁。由於蓋在殯葬專區內，難以改建，還真的四十年如一日哪！不禁令人唏噓。

從中華文化久遠的歷史來看，四十年不算長，卻使我從無知少年走到大學教授，生涯進程的原因便是讀書與反思。我好讀書不求甚解，博雜而不專精，但是喜歡胡思亂想與追根究柢，結果瞎打誤撞，意外地走出自己的學問道路。我念過哲學、心理學、生物學、管理學，現在教教育學，同時搞生死學和殯葬學，貫穿其間的動力只有一樣，那就是突破既有窠臼的意識覺醒。老父十一年前去世於美國，落葬於一座大花園及公園般的墓園，至今仍令我神往。參與臺灣殯葬改革已歷十年，我對硬體設施和軟體禮儀都有心革新，乃發心著書立說，眼前這本正是我兩年來寫成的第四種殯葬專書。我衷心期盼讀者閱後能有所反思，進而有意為改革盡一份心力。萬丈高樓平地起，能知即能行，這便是我的信念。

第七章　殯葬的天人倫理

　　本章將天人倫理視為西方環境倫理本土轉化的中式提
法，首先對前文引介過的「天人合一」思想再加以反思，
探討由其中促成儒道融通的可能，進而重新詮釋「天人感
應」，以激勵世人擇善固執。接下去三篇分別從殯葬價值
鏈上的殮、殯、葬三方面，次第開展尊體倫理、殯儀倫
理，以及墓葬倫理之種種。在尊體倫理部分，希望發揮
洗、穿、化、殮的人本關懷，並介紹日本「湯灌」服務的
意義。在殯儀倫理部分，除了強調自然簡約的觀念，更分
別闡述殯儀館、火化場、個性化治喪的價值。至於墓葬倫
理一節，先行點出華人喪葬活動中，「孝」文化與「鬼」
文化的衝突，再以倡議寫墓誌銘和推廣環境風水等作法，
來降低張力、減少衝突。殯葬的天人倫理之道是讓彼此對
話，以消弭隔閡，促進瞭解。「三才」和樂，宇宙才有了
生機。

引　言

　　承繼上章所討論的西式殯葬環境倫理之精神，本章希望提出建構中式殯葬天人倫理之可能；其目的總歸一句話，即是在推廣既清潔又節約的環保自然葬。「天人倫理」的提法，是把中國古老「天人合一」的理念，融會於西方現代環境倫理在本土的轉化與擴充之中。「天人合一」思想可以落實的範圍極廣，本章將局限在環境倫理的建構方面；而末篇所紹述的人生哲學、生命倫理及關懷倫理議題，仍將圍繞著此一思想次第發揮。倫理在中華文化的脈絡裡，主要指向人際關係的對應，亦即「五倫」的安頓。但是宇宙之間不止有「五倫」，還有天、人、地「三才」；人既無逃於天地之間，就應該學會如何頂天立地，費心盡力維繫和諧圓融的天人關係。此一特有的天人關係之考量及實踐，體現出結合儒道兩家思想的獨到「中國人文自然主義」之精義。

第一節　天人關係再思

　　「天人合一」是相當古老的思想，它在中國傳統哲學中占有相當吃重的地位；更重要的是，它在當今仍有可能扮演關鍵性的角色。本書第五章曾有〈天人合一的殯葬活動〉一節，初步探討了此一思想對於華人殯葬活動的影響，其中也提到堪輿風水的流行。本章嘗試全盤考量建構殯葬天人倫理的可能，首先就必須對天人關係再度反思。有學者指出：「中國哲學的基本問題是『究天人之際』的問題，而中國哲學的基本理念是『天人合一論』。……『天人合一』顯然包含不同層次的內容，不同哲學流派和哲學家個人對此也有不同解釋，比如，道家更看重『自然』一面，儒家更看重『人文』一面，但是，這一理念的基本涵義則

是人與自然的內在統一。」（蒙培元，2004：3）基於此點，使我們有理由以西方「人文自然主義」觀點去思考儒道融通的可能。

儒道融通的可能，已經被美國學者所把握：「儒家和道家可以認為是確實存在於一個統一體或一系列的統一體中，各有許多變體。中國人喜歡用相互依賴的範疇，而不是按照二元論的或辯證對立的區別來看事物，這意味著，不論他人怎樣看道家與儒家的關係，[中國]傳統的目標是以一種和諧的方式展示它們。因為歸根結底只有看到道家和儒家之間各種各樣的和諧的關係，而不是只注目於這兩家之道的爭勝，人們才能最好地認識古典時代中國的道的追求者。」（施忠連，1999：183）此處我們看見把儒道二家皆視為追求同一個道理的古典思想之詮釋。雖然傳言中孔子曾經問學於老子，但是並未得著證實；不過有此一說，多少反映出儒道思想無論是在心境上還是在情境上，都比我們想像中來得更貼近。

有人把儒家視為中國人文主義的代表，而道家則是中國自然主義之代表；此說雖嫌粗糙，但並不無道理。自思想淵源方面去追溯，可以發現：「儒家的哲學大體是以史官派的學說為他的出發點，道家……是以筮人派的學說為他的出發點。史官派的思想載於《書》中，而筮人派的思想則載於《易》中……。《書》言政治，言人生，儒家因亦注重於政治人生問題的研究。《易》言天道，言自然，道家因亦注重形而上學諸問題的研究。」（范壽康，1982：61）這裡是指儒道二家思想各源於《書》與《易》兩部經典，因而各有所專。時至今日，一般人對他們的基本印象，仍是儒家較入世於人文關注，而道家則出世於回返自然。這種看法大體不差，但更重要的是思考如何將二者結合轉化，然後為己所用。無論用於宇宙或人生，都是有所助益的。

往深一層看，「天人合一」的信念，甚至包含了某種「天人感應」

的心理作用:「上升和下降、統治和服從、軟弱和堅強、和諧和混亂、前進和退讓等等基調,實際上乃是一切存在物的基本存在形式。不論是在我們自己的心靈中,還是在自然現象中,都存在著這樣一些基調。……我們必須認識到,那推動我們自己的情感活動起來的力,與那些作用於整個宇宙的普遍性的力,實際上是同一種力。只有這樣去看問題,我們才能意識到自身在整個宇宙中所處的地位,以及這個整體的內在的統一。……在這裡我們看到了中國古代生態文化中『天人感應』倫理觀的最初的縮影。」(任俊華、劉曉華,2004:11)這說明了「境由心生」的可能,也啟發了我們,可以嘗試去美化改善殯葬景觀,以告慰亡者與家屬的靈性。

如果說「天人合一」是中華文化的理想狀態,那麼「天人感應」也許就是天人倫理的主觀心態;它不必然存在著神祕的道德呼應,卻可以激發出一股擇善固執的力量。換句話說,如果人們有心改善本身與自然環境的關係,那麼這種信念便會回過頭來激勵自己,義無反顧地去實踐這種關係的改善,而後也許真的實現了此一理想。具體來看,對照於今日西方殯葬活動軟硬體的簡潔生動、美觀親切,華人社會行之千百年的喪葬禮俗,卻只見繁文縟節、雜沓紛亂,且令人望而生畏。老子說「出生入死」,意指「從生來,到死去,一切自然而然」。人們著實不應該把喪禮辦得既隔閡又疏離,完全失去了「天人合一」的美感。一片充滿美麗祥和的殯葬景觀,無疑具有撫慰人心的作用。「此念是煩惱,轉念即菩提」,一念之間可以讓我們「大破而後自立」,何樂而不為?

第二節　尊體倫理

殯葬活動處理的是死人,面對的則是活人,而且是悲戚哀慟的亡者

家屬親友。人死後照例要辦喪禮、舉行告別式，這意味著身分的轉換，亦即由生者變成亡靈。在公開的儀式之前，需要為亡者進行最後一次私密的接觸，也就是大家常聽說的「洗、穿、化、殮」沐浴更衣一系過程。西方人也有這段過程，但是華人傳統卻有相當複雜的意義：「『沐浴』本是人類的潔身行為，也就是洗髮澡身，意義和動機均單純。殷周之下，『沐浴』與巫教祭禮儀俗相融匯，使得『沐浴』的意義、內容、觀念和行為，駸趨複雜化。……修道之士於祭祀前齋戒沐浴，此人所周知，但道教的『沐浴』不僅於此，在拔度亡魂的煉度科儀中，亦為往生者引攝其靈魂，沐浴超度使升仙界的『沐浴』、『解結』儀式，則為『沐浴』的宗教意象化行為之表徵。」（丁煌，2000：453－454）

根據內政部的調查，臺灣明確有宗教信仰的人不到半數，但是幾乎所有悼亡儀式都或多或少沾染了宗教色彩，其中又以包括民俗信仰在內的道教科儀占六成為最多。一旦放在道教信仰文化的脈絡裡，單純的「洗、穿、化、殮」動作，便具備了深刻的內涵。現代人大都不識此一內涵，但是至少仍必須把握住「視死如生」的大原則，也就是看待亡者如活人一般。近年大陸開始使用「尊體」一辭以指涉遺體，乃取「尊重遺體」、「尊敬的遺體」之意。臺灣也有大型業者設置「禮體師」的職位，以從事遺體處理工作。這一切在在顯示，人死後到進行公開儀式以轉換身分之前，其遺留在世間的身體，理當受到一定的尊敬對待。此中存在著一套「尊體倫理」，涵蓋應用倫理三大面向；本章只談環境倫理部分，亦即保存遺體至出殯前的各種考量。

為避免土葬占地及環境污染，現在流行火葬；日本和大陸可以只花三天時間辦喪事，臺灣卻要考慮時辰和方位，以至於經常要花上十天半個月，鄉下甚至還有辦個七七四十九天的情事。人死後各種機能立即喪失，遺體開始迅速腐敗，為了治喪就有必要加以防腐。防腐有物理性的低溫冷

藏與化學性的藥劑注射兩種方式，其用意為：「防腐的意義在於盡可能地使死者保持生前的自然狀態，以便家屬和親友向安詳似睡的死者告別時，不致感到難受和驚恐，所謂『死者安詳，生者慰藉』。它是中國古代『事死如事生，事亡如事存』的孝道原則和尊重生命、尊重人性的人道主義原則的具體體現，構成人性化殯葬服務的一部分。」（王夫子，2003：88）臺灣停屍時間相對較長，有時多達半個月，宜用化學防腐處理；若用物理方式則須冷凍，其解凍過程也應該重視倫理。

在亞洲地區，日本人的殯葬活動辦得既典雅又精簡，非常值得我們效法。近來有業者自日本引進一種稱作「湯灌」的尊體服務，將沐浴更衣的過程提升至相當精緻的程度，無形中強化了尊體倫理實踐。簡單地說，「湯灌」設計出專供亡者使用的移動式按摩浴缸，可以到府服務，並由受過專業訓練的技術人員為亡者淨身；其作法與對待活人無異，甚至使用精油進行芳香美容。從美感和倫理兩方面來看，這是十分符合人性之舉，但是務必注重衛生，尤其是預防疾病感染及廢水處理。「湯灌」服務可以讓尊體保持柔軟，並流露出安詳的神情，不但便於穿衣，也較易親近。但是它還是需要一套昂貴的沐浴設備，不是人人用得起它。尊體倫理強調的是，無論在何種情況下，遺體處理都要注重倫理考量。換言之，遺體也是人，而非待處理的物。

在臺灣做防腐，通常僅做冷藏或冷凍處理，大約只有萬分之一採用化學性處置，但是幾乎都會做遺體美容；除非損傷得太嚴重，否則還包括破相的修復工作。遺體美容與修復也有尊體倫理的意義；就環境倫理而言，它是希望使瞻仰遺容的場地，呈現平和而非恐怖的氣氛。遺體美容的價值在於：「一般民間仍有死要全屍的觀念，尤其是意外死亡的遺體，對家屬衝擊與震撼是無可言喻的，因此藉由遺體重建，將支離破碎的遺骸修復完整，再經由美容化妝技術恢復生前影像，營造出安詳沈睡

的模樣，免於家屬面對殘破不全的遺體，協助家屬跨越死亡的鴻溝，讓人不再以神祕詭異的面紗來看待遺體，也藉由遺體的重建與美容，讓遺體有完整肅穆的儀容告別親屬，確立遺體美容的意義與價值。」（陳姿吟，2006：10）這其中的尊體倫理自不待言。

第三節　殯儀倫理

　　傳統殯葬活動只有入殮、出殯及安葬三大過程，近十年始見對前緣與後續的重視。本章論中式殯葬環境倫理，對焦於天人倫理的維繫，其中的「天」在中國自有其深意：「天不是上帝，也不是絕對超越的精神實體，天是自然界的總稱，但是有超越的層面。其『形而上者』即天道、天德，便是超越層面；其『形而下者』即有形天空和大地，便是物質層面。但在中國哲學中，『形而上者』與『形而下者』不是分離的兩個世界，而是統一的一個世界。……自然界為人類的生存發展提供了一切資源和條件，但更重要的是，它賦予人以內在德性和神聖使命，要在實踐中實現生命的最高價值──『與天地合其德』……。」（蒙培元，2004：3）「與天地合其德」固然是儒家觀點，但在現今並無妨於做道家解釋。道家的老子著有《道德經》五千言，便講「德」乃「道之用」。

　　乍看之下，老子的道德觀跟今天我們所理解的「倫理道德」概念有一定的距離，但是他的看法對殯葬倫理大有啟發。尤其是殯儀倫理，更需要從儒家的禮法及民間的習俗中掙脫，走上「無為而無不為」的簡約途徑。「道德」二字的哲學意涵為：「顧『道』之為言，泛指規律；事象皆循此規律，故有物依於道之義。然則，此規律為何？老子以『反』解之；『反』有『相反相成』及『正反互轉』二義。……合而言之，

萬象皆依一道;分而言之,道之表現乃隨事物之特殊性而異。故物各歸根,乃顯自性;而此自性即老子所謂『自然』。自性亦即『德』。……心既觀道破執,遂駐於無為。無為是心靈所顯之自性,亦為實踐之理境,故『無為』乃心之德……。」(勞思光,1980:194)老子希望人們打破心中的執著,無為而簡約,一切順其自然。

禮儀服務倫理放在環境倫理下觀照,即成為殯儀倫理,以示在特定的場合、空間及環境中,所需要考量的倫理;此類特定場合,主要指殯儀館和火化場等殯葬設施。當一個社會的都市化快速發展時,殯儀館的需求將會大增,其中的殯儀倫理也將有所體現:「殯儀服務是一項特殊的服務,其特殊的方面是在特定的地點、特定的環境,用特定的服務方式、特定服務行為、特定技術等,為特定的對象服務。這種服務的需求,是以逝者為載體(對象),通過在殯儀館的一系列活動,表達和實現生者的意願。現代的殯儀館應根據這些需求,確定殯儀館的功能,建設一個完整的系統,滿足舉行葬禮和處置遺體的需求。殯儀館也是殯葬改革的載體,應該建成社會精神文明的窗口。」(左永仁,2004:54)

其次是有關火化場的倫理反思。由於火化場被視為各種鄰避效果中最不被附近居民接受的設施,但是在火葬日益普及的今天,又不能沒有它,因此它格外需要被賦予倫理的人文價值。上海理工大學教授喬寬元提出「火化機人文化」的構想,可說頗具創意:「火化機人文化具有長期性和全局性。要表現其功能還需從理解葬禮著手。……目前仍然流行的喪葬傳統『守靈』給了我們這樣的啟發:守靈是生者與死者的對話,是心靈交流。我們研製的火化系統應該提供這樣的機會,讓市民與自己的親人作最後一次充分的交流。具體落實在『送和迎』兩個字上:送,就是讓喪家目送自己的親人『歸天』即回歸自然。……迎,

就是讓喪家迎接自己親人的靈骨，讓喪家親自將親人的靈骨納入靈盒，營造『歸去來兮』的氣氛。」（劉鳳鳴，2001：178；188）

　　至於禮儀活動長久以往的墨守成規，如今也有改革創新的發揮空間，那便是追求個性化：「在殯葬領域，特別是在悼念儀式方面，差不多還是千篇一律的。……悼念是活著的人對去世的親朋好友的一種悲傷追思的情感。悼念儀式是人們為死者舉行或者操辦的特定的具有一定程式規範的悼念活動，悼念的個性化就是在悼念活動中體現被悼念者的個性特點。1.悼念儀式個性化是對死者生前個性的尊重……2.悼念儀式個性化是提高喪事價值取向的舉措……3.悼念儀式個性化是現代殯儀服務的一項重要內容……。」（金苗苓，2001：10－12）由於殯葬禮儀由古禮和民俗共同組成，古禮可以保存禮義而改革禮儀，民俗更應該揚棄庸俗並追求脫俗。這些革新的嘗試，都能夠經由推動個性化治喪而落實，而殯葬改革的理想也庶幾達成。

第四節　墓葬倫理

　　順應自然的相對面乃是刻意造作，如今婚禮已顯得無拘無束、自由自在，喪禮卻仍舊亦步亦趨、死氣沉沉。人死入殮尚保有一些私密性，出殯與安葬則是公開進行，有許多人參與其間；一旦變得死氣沉沉，就更顯出死亡事件的陰鬱面。由於謹守傳統，與會者只好行禮如儀，盡做一些表面工夫；而墓穴與塔位也大都是一些陰森森、硬邦邦的建築，令人敬而遠之。不要說是鄰避效果，大家一想到墓葬地區就不願意接近，又怎能讓死去的親人安於「天人合一」境界呢？這裡面其實存在著一種觀念衝突和心理矛盾，也就是「孝」文化跟「鬼」文化的張力。它不但使人遠離天人合一，更造成天人交戰。在討論墓葬方面的天人倫理之前，有必要對其背後

的文化底蘊加以考察及分析，進而尋得改革之道。

中國人相信人死為鬼，有子孫祭拜的鬼，便成為庇佑後人的祖先；否則就會變成孤魂野鬼，不時到人間來作祟。學者對此有所闡釋：「鬼靈崇拜與祖先崇拜是有所衝突的，代表兩種對待靈體的不同態度，人們害怕屍體卻又懷念親人，一方面要求鬼魂快快歸陰，不要留在人間作祟；一方面則是對先人的思慕，希望祖先精神常在，福佑世人。臺灣喪葬儀式延續了漢人古老的信仰觀念，進行鬼靈崇拜與祖先崇拜的調和，將『送鬼歸陰』與『祭祖安位』的二種心理巧妙地結合在一起。……喪葬儀式的『送鬼歸陰』只滿足了鬼靈崇拜的信仰心理，還要加入『祭祖安位』的祀典活動，才能將祖先崇拜的孝思情感表達出來……。所謂『祭祖安位』，就是要將亡者轉換成祖先，接受後人的祭拜。」（鄭志明，2004：368-369）

對待亡靈的心態，會直接影響到墓葬活動。墓葬即是將死者遺體深埋入土坑的葬法，這種「入土為安」的作法，充分符合農業社會人民與土地的關係，其中蘊涵的即是墓葬倫理。王夫子對中西式喪葬的意義有所對比：「由於（祖先）偶像崇拜的作用，中國人大體是以一元論的眼光看待死者及喪事、喪物的。……嚴格地說，中國人的靈魂觀念非常淡薄，他們更看重軀體，似乎只有在軀體的基礎上才能開展對靈魂的想像。脫離軀體而單獨存在的靈魂就有些不正常了，就是所謂『孤魂』、『野鬼』之類，即無家可歸者也。祖先偶像崇拜很容易導致隆喪厚葬。西方古代則是以二元論的觀點看待死亡……。中國人更多地是在為生者辦喪事。西方人有簡喪薄葬的傳統，他們更多地是在為死者辦喪事，打發靈魂比打發偶像物（軀體）當然要容易得多。」（王夫子，1998：273；275）

114

　　本書雖然提倡不占地、不立碑的環保自然葬，但這乃是長遠理想。眼前墳頭公墓到處都是，與周遭自然景觀極不協調，最好能夠逐漸把它轉化為花園或公園，當作「生命教育基地」，讓活人身心受惠。為創造墓葬的倫理內涵及附加價值，寫墓誌銘或許值得提倡：「本著節約土地的原則建造公墓，應該說是合乎情理的事。而採取花園公墓的建設設想，既可以使死者在那裡安息，又可以讓活著的人在這裡休息，不失為一個好主意。……把搞墓誌銘文學作為花園公墓的一個建設方針。我認為這樣做可以充實花園公墓的文化內容……。墓誌銘不是對一個人全面的概括，一個人的一生總有一些有意思的事情，只要把最值得後人懷念的事寫下來就可以了。」（于光遠，2001：59-61）由此可見，寫墓誌銘也是一種個性化的表現，如果由亡者自己在生前完成，就更有可讀性了。

　　最後來談談風水的天人倫理，學者發現：「中國『天人合一』的思想，無論在其形式、發展或延續上有一個將大自然擬人化的傾向。……將人體比附於山川結構，由人為中心，為出發點，以人體脈絡解釋山川形勢，有明顯的人文色彩。一個風水福地的基本空間概念為『負陰抱陽』，……陽代表活潑，陰代表沉靜。唯有當陰陽兩氣相融合且保持平衡，生命才能孕育且持續下去。」（黃有志，1997：72）這便是「民俗風水」的特性，必須批判地轉化為「環境風水」，始有正面意義：「國內殯葬改革，在『葬』的部分，唯有捨『民俗風水』就『環境風水』，重新建構國人的新風水觀，否則改革不容易成功。」（黃有志，2002：33）誠哉斯言，臺灣的殯葬改革需要軟硬兼施、三管齊下，對殯葬設施、服務及行為背後的倫理實踐全面推動，始能看出成效。

結語

　　第七章是第二篇〈環境倫理議題〉的末章，我在此對本章及全篇同時寫下結語。作為民生必需服務業的殯葬業，與人息息相關；而人又無逃於天地之間，就必然受到自然及社會環境的影響。一般環境倫理多指向自然環境，消極作法是人盡量避免破壞環境，也免於受到環境傷害；積極作法則是人努力為環境創造良好條件，並欣然接納來自環境的正面回饋。歸於「三才」的天地宇宙，唯有跟人和諧相處，始能互利共榮。本章嘗試從文獻的字裡行間發掘新義，從而初步勾勒出華人天人倫理，並將之引伸至殮、殯、葬三方面去。良好的殯葬環境及氛圍，一方面可以化解人們的恐懼感，另一方面更可以激發大眾的認同感。化鄰避為迎毗，正是殯葬改革的重大任務。而這一切都需要長期持續的教化始能為功。

課後反思

一、一般人多認為「天人合一」是遙遠的遐想，而「天人感應」更屬神祕空談，本章卻對此大加引伸，頗有「知其不可而為」之意。請提出你的看法。

二、大陸和日本辦喪事短則三天，我們停柩卻從十天半個月到七七四十九天都有；時間拉長，品質卻未見改善提升，只會折騰喪家，並有擾民之虞。請問該如何改革創新？

三、「視死如生」與「事死如生」是兩件事，前者反映出善待遺體的關懷用心，後者卻表現為恭送亡者到另一個世界去生活的舖張浪費。請對此加以評論。

四、古人有善於書寫墓誌銘者，今人已不多見。這種文學形式須以墓碑
　　作依託，若是採用塔位寄存或自然拋灑的葬法，墓誌銘將何去何從？

參考文獻

丁　煌（2000）。〈道教的「沐浴」探究〉。載於鄭志明主編，《道教文化
　　的精華──第二屆海峽兩岸道教學術研討會論文集（一）》（頁453－
　　470）。嘉義：南華大學。

于光遠（2001）。〈提倡「墓誌銘文學」〉。載於朱金龍主編，《殯葬文化研
　　究(下)》（頁59－62）。上海：上海書店。

王夫子（1998）。《殯葬文化學──死亡文化的全方位解讀》。北京：中國社
　　會。

王夫子（2003）。《殯葬服務學》。北京：中國社會。

左永仁（2004）。《殯葬系統論》。北京：中國社會。

任俊華、劉曉華（2004）。《環境倫理的文化闡釋：中國古代生態智慧探
　　考》。長沙：湖南師範大學。

金苗苓（2001）。〈關於悼念儀式體現個性化的思考〉。載於朱金龍主編，
　　《殯葬文化研究（下）》（頁9－19）。上海：上海書店。

施忠連（譯）（1999）。《漢哲學思維的文化探源》（D. L. Hall與R. T. Ames
　　合著）。南京：江蘇人民。

范壽康（1982）《中國哲學史綱要》。臺北：臺灣開明。

陳姿吟（2006）。《遺體美容》。臺中：中華殯葬教育學會。

勞思光（1980）。《中國哲學史第一卷》。香港：香港中文大學。

黃有志（1997）。《風水與環境》。高雄：高竿。

劉鳳鳴（2001）。〈火化機人文化探討〉。載於朱金龍主編，《殯葬文化研究
　　(上)》（頁175－189）。上海：上海書店。

鄭志明（2004）。《宗教的醫療觀與生命教育》。臺北：大元。

心靈會客室

揮灑自如

　　針對人死後的殮、殯、葬過程，我都主張一切從簡。昨日去參加臺北市殯葬評鑑，到一家五人小公司去聽簡報。年輕老闆是我的學生，他提出一個創新構想，便是包辦比較精緻的聯合公奠，可惜公營殯儀館礙於法令無法配合。不過聯合公奠始終是我的心之所嚮。記得八年前一個同學的父親去世，在我的引介下找到一家葬儀社，幫他用聯合公奠的方式料理後事，總共只花了一萬八千塊錢。這是我聽說過最低的治喪費用，對經濟壓力沉重的家庭而言，不啻為一項福音。即使家境還過得去，用此方法為人生劃上句點，也不失簡潔有力。要是問我的選擇，這應該合乎我意，再加上不發訃聞、不看時辰、不講方位、迅速火化、全部拋灑等處置。如此清潔溜溜，多麼愜意！

　　在好奇心與焦慮感的驅使下，我上了高中，便開始浸淫於哲學的閱讀與思考中。後來考取哲學系，拿到哲學博士學位，到大學裡教哲學課，至今跟哲學接觸已近四十載，我的真正關注，還是在於發掘並體現我自己的人生哲學。我有一位交往十年的大陸學者朋友鄭曉江，他也是從生命哲學、生死哲學一路搞到殯葬文化的道路上面去。但是他卻表示推動殯葬教育、參與殯葬改革，乃是知識分子的社會關懷實踐，他的本業與學問旨趣還是在哲學方面。此說於我頗有同感。搭上殯葬改革列車，只是我在因緣際會下的社會參與；寫完這本書，再加上為技能檢定命製題庫告一段落，我的階段性任務也就算達成了。接下去我想是會回到哲學與教育學的教學研究和著書立說方面去；一本人生哲理的散文著述，已經在等著我動筆呢！

我的個性趨向道家，有著厚重的避世傾向，希望無求於人，亦不為人所求。當陽春型大學教授的好處，是有許多機會獨來獨往、自說自話。我嚮往坐而言，甚於起而行。人各有志，順著生命潛能的趨勢去發揚光大，始能一展所長，揮灑自如。我的簡樸殯葬觀，源自我對人生的無為態度；二十二年前結婚時，就決定不生養小孩，正是此一人生觀的體現。不種因，不結果，但我畢竟還是凡夫俗子，選擇了婚姻生活，並且擔任教職而成為面目可憎、庸俗不堪的中產階級，去背負房貸、車貸、壽險、平安險，還有柴米油鹽醬醋茶、吃喝拉撒睡等等一大堆生活開銷。該滿足了吧？但是我的心田中始終還存在著一方夢土，就是那種清新脫俗的小國寡民人間仙境。美麗的大自然帶給我如此感受，自然化的墓園又何嘗不是呢？

第三篇

生命倫理議題

第八章　人生哲學與殯葬

　　本章進入第三篇〈生命倫理議題〉的考察，照例先從較大範圍的哲學討論起，待隨後二章再分別涉入西方與中國的倫理思想。全章分四節陳述生死觀、信念與信仰、存在抉擇、生涯發展等課題。生死觀先對倫理學與人生哲學的關係予以釐清，再談到華人最關心的「命運」問題，提示「知命」而不「認命」。信念與信仰一節，先勾勒出人生信念與民俗信仰的形貌，肯定人生信念的積極作用，再具體納入當前臺灣殯葬改革加以考量。人生信念的作用之一，是讓人們反身而誠地進行存在抉擇，以確定何去何從。存在抉擇對自己的負責，不應假手他人；尤其是在生涯規劃方面，更要深思熟慮。本章將特別對殯葬業者的生涯發展多方關注，希望強化專業教育訓練，以增長人員素質，提升服務品質。

引　言

　　第三篇所引介與討論的，是應用倫理學當中最受矚目的環節——生命倫理學。對於生命倫理學的性質與內涵，我曾有所闡述：「生命倫理學的前身為醫學倫理學，醫學倫理學首創於一八〇三年的英國，生命倫理學則遲至一九七〇年始在美國問世。醫學倫理學一開始乃是『醫德學』，目的是為了規範醫師的專業行為……。至於新興的生命倫理學可視為廣義的醫學倫理學，其課題已擴充至醫學之外的生命科學研究。生命倫理學所探討的乃是人類及動物生命、生存、生活攸關的道德抉擇問題，它並非無視於時空脈絡的道德規範與教訓，而是無逃於天地之間的倫理反思與實踐。」（鈕則誠，2004：235）殯葬原本僅跟醫療一線之隔，二者分別處理生前與死後之事；如今《殯葬管理條例》規定禮儀師執行的業務包括「臨終關懷及悲傷輔導」，就把殯葬服務提早用到臨終病人身上去了。

第一節　生死觀

　　哲學有中國與西方之分，最早動筆寫中國哲學史的胡適，在他的著作中開宗明義就給哲學下定義：「『凡研究人生切要的問題，從根本上著想，要尋一個根本的解決：這種學問，叫做哲學。』……因為人生切要的問題不止一個，所以哲學的門類也有許多種。例如：一、天地萬物怎樣來的。（宇宙論）二、知識思想的範圍、作用及方法。（名學及知識論）三、人生在世應該如何行為。（人生哲學舊稱『倫理學』）四、怎樣才可使人有知識，能思想，行善去惡呢。（教育哲學）五、社會國家應該如何組織，如何管理。（政治哲學）六、人生

究竟有何歸宿。（宗教哲學）」（胡適，1996：1-2）由此可見，他心目中的哲學乃是廣義的人生哲學，而倫理學則屬狹義的人生哲學。這套定義雖然談不上嚴謹，卻是中國學術界頭一回對西方意義下的哲學進行系統地分析。

倫理學與人生哲學有著一定的重疊面，但並非同一回事，大陸學者根據文獻考察，對此有所把握：「有些學者對這兩個詞的定義做了區分，如李石岑說：『倫理學……大體以明人倫日用之理為主旨……是一種風俗習慣學』，而『人生哲學的目的，主要的在闡明人生的真相，與人類在自然界的位置等等問題』，『人生哲學無疑為一種人生觀的學問，而人生觀是個別的。倫理必起於人與人的相接，僅一個人並無倫理可言』。因此，『倫理學與人生哲學不能不分門研究，但二者相關最切。人生哲學的範圍雖大於倫理學，但研究人生哲學，有時須根據倫理學一大部分，因為由倫理學更易考察人生哲學的精髓』。馮友蘭將人生哲學定義為求人生之道理的學問，是哲學的一個分支，而倫理學是人生哲學的一個分支。」（劉長林，2001：5-6）

本書嘗試建構臺灣在地的殯葬倫理學，倘若如上所述，倫理學與人生哲學有著深厚的關聯，則本章討論人生哲學與殯葬，實有必要考察在地的人生觀；而因為事涉殯葬，人生觀理當包含人死觀，二者可以統合為生死觀。臺灣在地的生死觀大致上反映中華本土文化的漢人生死觀，而它又經常糾纏於「命運」的概念：「『命運』在中國文化體系中一直是引人注目與關懷的課題，……不管學者命運詮釋的多麼分歧，其中是有著共同的關懷，即如何真實地面對自我生命，對生命存有的意義進行價值性的確立，……重點在於生命主體性的建立，……這種主體性使人在生死存亡的過程中真實面對自我的生命。人不是無條件地被命運所擺佈，是可以主動地創造命運，要回到自我身心的修持，跳開命運的

困境而能超越生死。」（鄭志明，2004：321；326）

　　這是說人們應當反身而誠，努力去建立自己的主體性，從而「知命」而不必「認命」。它是一種「心性論」的體現，傅偉勳（1993）稱之為「心性體認本位」的生死學。鄭志明進一步闡述：「中國文化的基本特色就是建立在心性關懷的人性論上，……這樣的心性論是中國哲學與宗教的核心課題，……是以人為中心來確立生命的主體存在……。這樣的人性觀念是建立在『天地人鬼神五位一體』的宇宙論上，是以人為核心，追求『天地人合一』的自然和諧秩序，以及『人鬼神合一』的超自然和諧秩序，即實存的人可以參與形上天地鬼神的存有，開展出人與天地鬼神合為一體的空間實踐與定居需求，在精神性的神聖體驗下，建構出平安祥和的生活場域。」（鄭志明，2006：43－44）他並根據這套論點，開展出本土化的臨終關懷論述。

　　臨終關懷是一種生死交關的人性服務，在醫療與護理專業實踐中，它被稱作「安寧與緩和療護」，簡稱「安寧療護」。雖然醫界將它納入科技範疇，但是人文學者卻有不同看法：「安寧原本就不屬於當代科學醫療體系的範疇，不是從現實性與形式性醫療技術的延伸，而是回到人自然身體的存在狀態，理解到生死是身體的自然現象……。安寧是生命最自然的精神境界，是人性本有的內在性與超越性，是以不違反自然規律的生活方式，適時地順應自然的造化與流行，以寧靜的心智與從容的步履走完生命的最後一程。」（鄭志明，2005a：240）現行位於醫療系統內的安寧醫護，不但具有基督宗教博愛精神的淵源，更與儒家孔子「盡人事，聽天命」的教訓不謀而合。殯葬業者如今有機會從事臨終關懷，對其中的哲理與倫理，必須有著全盤把握才是。

第二節　信念與信仰

　　華人的生死觀往往訴諸命運，有些人因此怨天尤人，有人則聽天由命，但仍然有人樂天知命而充實地活著。事在人為，交給命運去決定的生死觀，若是當事人用心反思，還是有出困之路，其解套的途徑是把「命」和「運」拆成兩件事來處理：「我們不要光講『命運』，為命所運，……這叫『命定論』，叫『宿命論』。命是一個限制，但任何限制中，我都可以讓個限制，變成很有意義。……這樣叫『運命』，運命就是通過自己的理想性與創造力，對自己的限制有一種突破性的開展。……孔子告訴我們要『知命』，……一個人的死生、窮達，是不能強求的。……孟子要我們『立命』，……是我來立『命』的價值……。莊子要我們『安命』，人間有很多命是不可逃的，……你就安於這個命！……荀子講『制命』，……我們可以通過人文教養，讓天生自然的世界或人生，有美善，有意義……。」（王邦雄，1987：43-46）

　　這便是在華人世界由古典儒道二家聖賢生命情調中所流露出來的人生信念，它們完全沒有宗教信仰的色彩。事實上，新儒家哲學家梁漱溟在七、八十年前便指出，中國文化的特徵之一，便是「幾乎沒有宗教的人生」（梁漱溟，2000）。另一位新儒家學者馮友蘭更以美國學者的說法為例證表示：「現在許多西方人都知道，與別國人相比，中國人一向是最不關心宗教的。例如，德克‧布德教授……說：『中國文化的精神基礎是倫理（特別是儒家倫理）不是宗教（至少不是正規的、有組織的那一類宗教）。……這一切自然標幟出中國文化與其他主要文化的大多數，有根本的重要的不同，後者是寺院、僧侶起主導作用的。』」

（馮友蘭，2003：3-4）沒有宗教並不表示沒有信仰；在臺灣，民俗信仰可說蔚為大觀，其特色乃是「游宗」式無組織信仰活動。

「游宗」的提法為宗教學者鄭志明所創，它對此有所描述：「中國文化在歷史發展的過程中，……以寬容的心態兼容並蓄，……民眾有自己的傳統民間信仰……。民眾就是『善男信女』，……『善男信女』是信仰的自由體，可以到處游走於寺院宮觀，重信仰的本質，忽略宗教的形式，是以混入世俗生活的方式來交接宗教，與宗教之間沒有組織的聯繫，只有信仰的往來，經由儀式的操作來各取所需。……寺廟對民眾採廣結善緣的方式，一律視為善男信女，也允許善男信女到處『游宗』。」（鄭志明，2005b：2-3）游宗的「游」表示不停滯、不固著，更不用受制於團體的規範，也就是因時因地制宜的流俗性活動。既然是「俗」，多少能夠改革創新，於是根據民俗信仰而來的各式各樣殯葬禮儀，也就沒有理由不可以簡化與淨化。

臺灣的殯葬禮俗，反映出在地人民的信念與信仰；當面臨時代流轉與社會變遷的衝擊，確實不得不進行改革。改革是有心地改善，而非無意地隨俗。學者對此有所發現並建議：「臺灣傳統的喪葬儀式，是民眾文化傳承下共同認知的信仰行為，是集體設計的社會制度，讓民眾有了一定遵循的禮儀規範。但是在現代化社會變遷的過程中，在外來文化、社會制度與生態環境的銳變與衝擊下，喪葬禮儀日漸多元與複雜，而人們對傳統行事卻逐漸地生疏與陌生，許多儀節與制度難免有不少的變遷與扭曲，導致弊端叢生。……喪葬禮俗應以盡哀抒悲為主，繼承了傳統社會教孝報恩的文化功能，更應該隨著社會變遷，符合現代社會文化情境的整體需求，重新建構人與人之間的各種互動關係。」（鄭志明，2000：529；547）

改革創新由何處起始？我想心理建設與觀念釐清最要緊，也就是在

人生的信念與信仰上做工夫。大陸上不斷在破除鬼靈迷信，臺灣人卻對此深信不疑，亟待加以破除：「臺灣地區大部分民眾由於受到俗信與道教的影響，對死亡的看法，係秉持『靈魂不滅』的信仰，不過卻由此衍生對『鬼魂』的極端恐懼害怕的心理。連帶地也對死亡本身相當地忌諱與害怕，形成所謂『懼鬼怕死』的情結，進一步造就一種特深、特強、特壞的『懼鬼怕死』的文化。……除非在理念層次，能將長久以來深植在中國人心中的『懼鬼怕死』心理情結加以打破，代之以新世紀新思維的『生死齊一』的生死觀，殯葬改革才有成功的可能。」（黃有志，2002：25；29）這的確是一針見血、振聾起瞶之論，是殯葬倫理學「大破而後自立」的開展方向。

第三節　　存在抉擇

　　殯葬倫理學的提倡，是殯葬改革的重點方向，如今已列入〈喪禮服務職類技術士技能檢定規範〉所列的三大工作項目之一，亦即將倫理學列為考試科目。本書的寫作，與其說是為讀者應考而寫，倒不如說有意藉著考試順水推舟，讓讀者從閱讀本書後的反思中，做出存在抉擇，然後進一步落實生涯發展。殯葬是一門正在邁向專業化的傳統行業，從業人員良莠不齊，此一現象可以從我在近五年內，每年所參與的臺北市殯葬評鑑中看出端倪。殯葬評鑑以禮儀服務業為主，從業人員也占殯葬業者的大宗。評鑑對象分為自願報名和強迫參加兩種，二者的態度可謂天壤之別。大型業者自不待言，倒是小型業者的反應頗有代表性，並對殯葬改革的成敗具備一定關鍵性。小型業者多為傳統葬儀社，它們選擇守成不變或突破創新，多少反映出改革力度的強弱。

　　如果政府推行殯葬改革的決心不變，那麼當二○○八年底技能檢定

一旦上路,不圖改進的傳統業者就將面臨被淘汰的命運。殯葬業的穩定成長與更上層樓,並不代表業者可以以不變應萬變;在絕續存亡的決定性時刻,任何業者都必須對本身所處的事業組織與生涯發展做出存在抉擇。「存在抉擇」原本是一種特定的哲學觀點,指一個人對自己人生道路的深思熟慮及躬行實踐。它是二十世紀上半葉「存在主義」學派的基本觀點與核心價值,到了下半葉已深化至教育和輔導領域,成為重要的專業實踐方向。我在此處把「存在抉擇」從寬解釋,既用以指殯葬業者個人的生涯規劃,也可以包括任何一家業者對本身是否願意繼續挺立於殯葬業所面臨的改革大洪流中。事業和人生一樣不進則退,殯葬業更貼近人的生死交關與倫理聯繫,這些都屬於深刻的存在抉擇,業者能不慎乎?

　　存在主義在整個西方哲學流派中獨樹一幟,特別看重人生中死亡的意義。它源自十九世紀丹麥哲學家齊克果的深刻反思:「在求透入自己的主體性,對自己的存在有所了解,一個主觀的思者會發覺,他的存在有幾個特徵,那就是:個體性、變化、時間、死亡。……存在不離個體性。……在實在的領域中,只有作為個體的一個個的人存在,並沒有一種『人性』的東西存在。……存在的個體永遠是在變化歷程中的。……一個『個體』在變化的歷程中存在,是有時間性的,他必面對著自己的將來……。這種『將來』,是不定和不安之感的來源……。死亡是生命的一種不確定。……由於死亡,於是生命中的每一個決定都有其獨特的重要性。」(李天命,1990:22-24)這裡照見了死亡的奧義,是對生死學「未知死,焉知生」提法的最佳註腳。

　　如果齊克果對於死亡的反思是西方哲學的代表,那麼莊子則是中國哲學的極致。莊子同樣看見死亡為人生所帶來的不確定感,並以睿智之見去超越它:「莊子的生死體驗始於人力完全沒有辦法把握生死命運的一種無可奈何、悲愴淒涼之感。……由於缺少生死智慧,一大半人就在

這裡很容易接受命定論⋯⋯。相比之下，莊子能以超凡的生死智慧，克服原有命定論傾向的無可奈何、悲愴淒涼之感，而為道家傳統建立了具有深奧哲理的生死學規模⋯⋯。如用我那『生命的十大層面與價值取向』予以說明，⋯⋯莊子的價值取向已到第八（實存主體）、第九（終極關懷）與第十（終極真實）層面，故有提供我們生死學探討靈感的衝擊意義。」（傅偉勳，1993：166-167）這是「現代生死學」創始人傅偉勳對其所推崇「中國生死學的開創者」莊子的高度評價。

　　傅偉勳曾運思希望建構一套「生命十大層面與價值取向」模型：「我認為做為萬物之靈的人的生命應該具有下列十大層面：(1)身體活動層面；(2)心理活動層面；(3)政治社會層面；(4)歷史文化層面；(5)知性探索層面；(6)審美經驗層面；(7)人倫道德層面；(8)實存主體層面；(9)終極關懷層面；(10)終極真實層面。」（傅偉勳，1993：29）此為一九九三年形成的「現代生死學」立論架構，而我在二〇〇五年初步建構「後現代華人生死學」，則提出與之類似卻較為精簡的探究模式：「生老病死的具體落實之處，正是我們每一個人的生物性肉身，因此生死學理當從生物面開始探究問題，⋯⋯還應該兼及其他方面。（我）在引介生死學知識時，是通過『生物／心理／社會／倫理／精神一體五面向人學模式』的觀點來次第發展。」（鈕則誠，2007a：9）此即我的存在抉擇之立足點。

第四節　生涯發展

　　一個人的存在抉擇，有可能決定他的生涯發展；我在高中時立志念哲學，以至於今天成為哲學教授，其意義竟被一位剛退休的社會學教授一語道破：「能夠以在大學教書與寫作做為一種職業，⋯⋯讓我得以有機

會細細而安心領略生命脈動的特殊際遇，也有了條件經營一種自己屬意的特殊生命態度與生活方式。……選擇這樣的一種自認較為安適的生活方式來安頓自己的生命，正是我所以選擇教書生涯最重要的工具理性考量因素。我求的只是有著可以對日常生活從事一種『閒人』形態之藝術經營的機會。……長期以來，這……是我自己真實的感覺，更是對生命確定意義的一種自我定位。」（葉啟政，2007）我過去選擇教學研究與著書立說來自我實現，如今從事殯葬教育和推動殯葬改革，是我在偶然機緣下涉足於社會服務的機會。對殯葬業者而言，也該反思自己的社會參與有何意義。

殯葬倫理學採取應用倫理學的觀點和立場看問題，而它本身則是一門專業倫理學，與醫學倫理學、護理倫理學、諮商倫理學的性質類似。殯葬倫理學考察並建構殯葬倫理，這包括專業人員與消費者的倫理，以及專業人員之間的互動。臺灣的殯葬專業人員稱作「禮儀師」及「喪禮服務技術士」，雖然有業者在召募人才時強調「百萬年薪不是夢」，但是真正有志入行的年輕人，不能只看在收入高這一項可能上，還必須考量自己本身的諸多條件，慎重做成存在抉擇，如此方能發展出有效的生涯方向。把存在主義式的存在反思，落實在現實的生涯規劃當中，可說是一種負責任的態度。殯葬業既是民生所必需的專業，也是善盡「功德」的行業，選擇入行的確應該慎重其事。臺灣喪禮中不乏「做功德」法事，以消解亡者生前罪愆（楊士賢，2006）；業者身處其間，理當多所積德才是。

選擇殯葬業作為生涯發展的方向，要先行確認殯葬究竟是什麼行業。學者分析道：「殯葬業跟一般行業一樣，要申請公司登記，必須有營利事業登記證，所以說殯葬業本質上它不是非營利組織而是營利事業，不只是一般營利事業，而且應該是高利潤的行業。……理由很簡單，因為殯葬業界員工……是全天候，全年候無休，他們要接觸別人

不樂意接觸的遺體，長時間在別人不願意去的殯儀館、火化場工作，給他們較高的待遇，以獲得較好的服務品質，這是天經地義的事。……殯葬業是一個專門處理死者遺體、精神（靈魂）以及死者家屬情緒的專門行業。……殯葬業是最需要有服務精神的社會服務業。……殯葬業是一種教育事業，它肩負傳統文化、倫理道德之教育重責。……殯葬業是最能積德的事業。……唯有如此，這一項傳統的古老行業才能在新時代中不斷綻放光芒。」（徐福全，2005：6）

　　從上述殯葬業的諸多特性看來，殯葬業者其實背負了相當吃重的社會責任，並非泛泛之輩足以承擔，而是要經過特別的專業教育訓練始能擔當大局的。照通常道理去想，一個人若是有心朝某個領域或方向從事生涯發展，必定會選擇進入相關的學校科系，接受系統完整且有一定期限的專門或專業教育。一般行業及專業大都有較多的學校科系可供選擇，唯獨與民生息息相關的殯葬業，卻很辛苦地才擁有了屬於自己的教育體系。在這一點上，大陸上起步得較早。一九九五年王夫子在長沙民政學校創立了「現代殯儀技術與管理服務專業」，屬於中專性質，等於我們的高職。一九九九年該校升格為職業技術學院，殯儀專業也水漲船高變成一個獨立的「殯儀系」，招收三年制的大專生。目前該系已有近兩千名畢業生，分布大江南北，可謂遍地開花結果（李建鳳，2005）。

　　大陸一年死亡八百五十萬人上下，如今有三所大專和十餘中專在培養殯葬專業人才；臺灣死亡人數近十四萬，至今仍未出現正規殯葬科系，僅有隔空教學的國立空中大學生命事業管理科設有殯葬管理組。該組由我規劃設立，屬二專學程，雖非到校正規學習，卻是授與學位的正式科系；學生修滿規定八十學分即可畢業，其中殯葬專業課程至少要修二十學分（鈕則誠，2007b）。值得一提的是，在我所規劃的殯葬專業課程中，殯葬倫理學列為必修科目，以示對從業人員生涯發展進行全人的素質教育。

當初《殯葬管理條例》中所設置的「禮儀師」專業，是以大學程度的「社會工作師」為參考藍本；但我心目中的典型，則以專科程度的「護理師」做標竿。護理專業對當事人身心靈兼顧，工作非常操勞辛苦；而其所體現的「關懷」真義，才是殯葬專業必須效法學習的。

結　語

　　殯葬倫理學依組成應用倫理學的三大部分而建構，其企業倫理部分主要為倡議「非營利事業」的理想，環境倫理部分在於推廣「環保自然葬」的概念，到了生命倫理部分則想傳達「輕死重生」的信念。人生哲學與其作為哲學裡的一門分支學科，倒不如走出課堂，去提醒每一個人反思自己的人生觀、生死觀，從而進行存在抉擇，以安頓自己的生涯發展。年輕人若有意選擇殯葬作為個人事業開展的方向，更應該深入體認殯葬業觸及死亡相關事物的深刻人生哲學意涵。中西哲學各家各派對死亡議題深入探索的，首推道家與存在主義學派；他們都透徹領悟到死亡為個人所帶來的不確定感，更能藉著生死智慧得以超拔。「了生脫死」是生死學的理想境界，也是殯葬服務所要創造的超越精神；希望選擇此道的專業人員能夠反身而誠，並且身體力行。

課後反思

一、　人生哲學與其講哲學大道理，不如讓每一個人反思自己的人生觀和生死觀。華人面臨生死難題，很容易訴諸命運；我建議把「命」和「運」拆開來看，你是否同意？

二、臺灣真正有宗教信仰的人不多，倒是接受民俗信仰的人不在少數。有
　　學者認為民俗信仰中的鬼靈之說，害人「懼鬼怕死」，希望代之以
　　「生死齊一」的人生信念，你以為然否？

三、「存在抉擇」意指一個人對自己人生道路的深思熟慮及躬行實踐，重
　　點是讓決定權操之在我，不得假手他人。請反思自己在人生道路上的
　　各種「存在抉擇」。

四、順當的生涯發展，多少由謹慎的存在抉擇而來。如果你已經踏入或準
　　備投身於殯葬業，請對自己的人格特質和殯葬的行業特質加以統合考
　　量，以進行利弊得失的評估。

參考文獻

王邦雄（1987）。《緣與命》。臺北：漢光。

李天命（1990）。《存在主義概論》。臺北：學生。

李建鳳（2005）。《中國現代殯葬教育十年——記長沙民政職業技術學院殯儀
　　系》。長沙：長沙民政職業技術學院。

胡　適（1996）。《中國哲學史大綱　卷上》。北京：東方。

徐福全（2005）。〈殯葬業是什麼行業？〉《生命禮站》，1，6。

梁漱溟（2000）。《中國文化要義》。上海：學林。

傅偉勳（1993）。《死亡的尊嚴與生命的尊嚴——從臨終精神醫學到現代生死
　　學》。臺北：正中。

鈕則誠（2004）。《生命教育概論——華人應用哲學取向》。臺北：揚智。

鈕則誠（2007a）。《殯葬與生死》。臺北：空中大學。

鈕則誠（2007b）。〈從生活科學走向生命教育──展望「生命事業管理科」的設立〉。《空大學訊》，380，2－4。

馮友蘭（2003）。《中國哲學簡史》。北京：北京大學。

黃有志（2002）。《殯葬改革概論》。高雄：黃有志。

楊士賢（2006）。〈淺談臺灣喪禮流程中的「做功德」〉。《生命禮站》，5，24－26。

葉啓政（2007）。〈臨別前的告白〉。網路版（7月10日）。

劉長林（2001）。《中國人生哲學的重建──陳獨秀、胡適、梁漱溟人生哲學研究》。上海：華東師範大學。

鄭志明（2000）。《以人體爲媒介的道教》。嘉義：南華大學。

鄭志明（2004）。《宗教與民俗醫療》。臺北：臺灣宗教用品有限公司。

鄭志明（2005a）。〈人性與安寧療護〉。《宗教與民俗醫療學報》，1，221-246。

鄭志明（2005b）。《臺灣傳統信仰的宗教詮釋》。臺北：大元。

鄭志明（2006）。《宗教的生命關懷》。臺北：大元。

心靈會客室

我思故我在

　　「我思故我在」是一個哲學命題，大概看上去淺顯易懂，加之琅琅上口，於是成為許多人不經意的流露，跟「柏拉圖式的戀愛」一樣，成為通俗的哲學話頭。其實此二者的背後，都有艱澀難懂的哲理；像前者所推衍出來的「身心二元論」，以及後者預設的「觀念論」，皆非三言兩語所能解釋清楚。我以哲學為業，當然同這些哲理打過交道，但因為跟自己的生命情調不太相契，以致僅得自以為是的似懂非懂。還記得上成功嶺受訓的時候，同排站在我前班的臺大外文系學生廖咸浩，聽說我要去念哲學系，就故意問我何謂「我思故我在」，結果當然答不上來，還被這位後來貴為臺北市文化局長的同夥硬是糗了一頓。此事讓我記憶猶新，也記恨在心，於是當我大三時修「理性主義」的課時，教材採用笛卡兒《我思故我在》的中譯本，我就老實不客氣地把它讀個透徹。

　　不過在「我思故我在」之外，我最為心儀和認同的哲學命題，乃是沙特的「存在先於本質」。事實上，同為法國哲學家的沙特跟笛卡兒，在思想上還有一些淵源。十七世紀的笛卡兒自「我思故我在」的推理中，肯定一個思維自我的「主體性」；而二十世紀的沙特，進一步把這個自我的主體性，引伸到存在抉擇方面去。他強調，不用心去做抉擇、過生活的人，便失去了主體性，也就不成其自我。沙特觀點的反論為「本質先於存在」，他以剪刀為例說明。發明剪刀的人是為了方便剪東西才有所發明，於是先有剪刀的需求功能，才有實際物品的出現；功能是本質，剪刀為存在。世間只有一樣例外，那便是人；但並非所有的人，而是決心把自身命

運操之在我的人。如今回想起來，我相信自己正是受到「存在先於本質」這句話的鼓舞，才會毅然決然投考哲學系的。

　　進了哲學系以後，我一心想念人生哲學，卻驚奇地發現，哲學系課表上竟然沒有這門課。更離譜的是，除了哲學系以外，全校各系都必修「人生哲學」一科，而且是全年課程。後來我總算搞懂了，學校把「人生哲學」當作軟性的通識課程，讓外系學生修習；而哲學系理當學習更專門的課程，當然不包括人生哲學在內。這對我而言不免遺憾，但是仍然可以通過自學方案加以充實。我自忖念哲學近三十五年，自己感興趣的課題，還有教學研究的中心主軸，依舊不脫人生哲學。我把自己對人生哲學的解讀與理想，融入諸如生死學、生命教育、教育哲學、殯葬倫理學之類課程內，希望提倡一套活在當下、輕死重生的現世主義人生哲學，而不去管什麼前世來世、死後生命的玄妙問題。對我而言，殯葬即是善後，如此而已。

第九章　殯葬的生命倫理

　　由於生物及醫藥科技的突飛猛進，不時造成許多倫理
與法律方面的困局，亟待從人文社會科學視角尋思改善，
生命倫理學乃應運而生，至今已蔚為顯學。生命倫理學同
企業倫理學和環境倫理學三者，構成應用倫理學三支主
脈。本書依應用倫理學的架構而寫，論及殯葬的生命倫
理，基於法規將臨終關懷列為殯葬專業人員的職掌之一，
便首先取臨終關懷作為契入西方生命倫理論述的介面，再
回頭尋訪中國「生命學問」的勝景；由此將整個討論由條
理知識朝向渾然學問鋪開，並進一步用之於對臺灣近年流
行的生命教育與生命事業之解讀。對殯葬業者而言，生命
教育正是提升個人素質修養之所繫，而生命事業則為可以
終身奉獻的生涯方向。殯葬的生命倫理經由這一連串概念
上的擴充，多少為殯葬專業賦與了廣度及深度。

引　言

　　生命倫理學是應用倫理學三大範疇之中最受矚目的部分，事實上，應用倫理學之所以被列為規範倫理學、描述倫理學、後設倫理學之後，西方倫理學的第四種類型，多少得拜生命倫理學之賜。生命倫理學的前身為醫學倫理學，主要是作為醫界自我規範之用，近乎醫德學。但是醫師在實踐專業倫理道德之外，於臨床上不時會遭逢一些棘手的生死決策，也必須從事道德推理，因此便拓寬了醫學倫理論述的幅度，卻意外地衝擊到哲學界的倫理思考方向。二次世界大戰以後，英語國家的哲學受到分析哲學及語言哲學學派的影響，不時在咬文嚼字，連倫理學也不例外，久之不免與真實人生割裂脫節。而醫療上的諸多困境，卻適時提供了倫理思考活水源頭和新的方向。美國有位哲學家在一九八二年發表論文，標題為〈醫學如何挽救了倫理學的命脈〉，生動地反映出生命倫理學在當代的貢獻與價值。

第一節　生命倫理

　　生命倫理學處理醫療照護與生命科學研究中的倫理道德決策問題，與活人的關係較為密切，乍看之下，似乎與殯葬業無關。但是自從《殯葬管理條例》將「臨終關懷及悲傷輔導」列為禮儀師職能的基本項目之一，臨終病人及其家屬的生死關懷，便與殯葬活動有了交集。加上業者所行銷的生前契約商品，待客戶病危時就準備兌現，這其中的權利與義務關係，也有必要加以倫理反思。尤有甚者，近年有大型業者打著「生命事業」的旗號，全力承包醫院太平間經營業務，其據點遍布全省各大醫院，更有機會在病患生前即與之結緣，開始提供臨終服務。凡此種種，皆顯示殯葬專

業人員有必要對醫療及護理專業人員在校必修的生命倫理課程中相關議題
多所瞭解。我正是基於此點,而展開對殯葬的生命倫理之討論。

把生命倫理議題納入殯葬專業教育來介紹,是比較新穎的提法,連大陸出
版的《殯葬倫理學》都未提及。該書有專章討論環境生態、職業道德與殯
葬的關係,可視為環境倫理和企業倫理方面的關注(何兆珉、陳瑞芳,
2004);但是少了生命倫理方面的探究,多少予人就死論死、將生死判
成兩橛之感。在我看來,生死一線牽,生與死實為一體兩面、一線兩端,
二者經常相提並論。不過「生死學」之說雖二者並列,但主要偏重於「論
死」,亦即「死亡學」;「談生」只是附帶的,這部分較近乎生命倫理學
和人生哲學。我個人的學問道路,是從對人生哲學的疑惑與好奇而展開,
其後漸次涉入生命倫理學、生死學而達於殯葬學,本書即是在此一脈絡中
逐步建構。生命倫理學有正義倫理和關懷倫理兩大取向,分別反映原則主
義與脈絡主義的實踐態度。關懷倫理跟中國哲學較能呼應,我便據此鋪陳
下章的主題。

　　現在先回到主流的生命倫理論述上來看。生命倫理問題雖然多形成
於科技活動之中,但是科學家並無法獨力解決。其解決之道在於:「促
使生命倫理學大步發展的……重要因素是倫理學家的進入。傳統醫療
人員所需使用的倫理規範有限,也直接而簡單。但由於新科技的應用
常涉及一個人之生死,基本的權益,以及社會資源的分配,等等,所
需要的倫理學、價值哲學、政治社會哲學等複雜的理論,多角度的因
素和考量,醫療專業人士已不足以應付,因此,必須有專業的倫理學
家和訓練方能回應和解決這些嚴重的道德兩難的問題。」(李瑞全,
2007:12)在美國已有倫理學家受雇於大型醫院,擔任倫理諮詢工作;
在歐洲更見將倫理諮詢當作一門職業的趨勢,哲學家掛牌開業,提供類似
心理諮商的倫理及哲學諮詢。

　　過去生命倫理學或醫學倫理學的專書，雖然討論了許多生死攸關的議題，尤其是自殺、安樂死及墮胎，但是對於臨終關懷卻鮮有提及；我曾撰寫論文〈從生命倫理到生命教育——以安寧緩和療護為例〉，專門探索此一現象（鈕則誠，2004）。近年情況已有所改善，有些專著納入有關臨終關懷倫理的章節，並紹述其意義：「臨終關懷的興起，反映了現代醫學模式的轉變，反映了醫療衛生事業多層次、多渠道的發展及全社會參與的趨勢，也反映了人類物質文明和精神文明的巨大進步，更重要的是，突顯了人的權利，尤其是患者及其代理人的權利。因此，對臨終關懷進行倫理學分析是有必要和具有重大意義的。」（劉曙輝，2004：189）臨終關懷希望當事人能夠在「盡人事，聽天命」的情況下自然死亡，以期得以「善終」。人死不見得為醫療所樂見，但善終肯定是殯葬的期待。

　　在臺灣積極推動殯葬改革的學者尉遲淦，著有《生命倫理》一書，把善終跟殯葬加以聯結：「依據目前安寧緩和醫療條例的規定，所謂的善終就是要事先預立自己的醫囑。……問題是，預立醫囑的做法雖然處理了醫療上的臨終問題，卻沒有處理與善終有關的其他問題。如果忽略了這些問題，……也不能算是善終。……有關喪葬處理問題的交代，……如果沒有事先安排好自己的喪葬處理，也沒清楚交代自己的家人，可能就要擔心自己的後事處理。除此之外，在自己的喪葬處理安排中，不能只是照本宣科，還需要了解自己的喪葬需求，做好屬於個人的喪禮安排。唯有如此，他才能真正安然而逝。」（尉遲淦，2007：180－184）這是對殯葬生命倫理的極佳詮釋。在「善終」方面多所發揮，可以為醫護與殯葬的交接，創造一個良性的介面。

第二節　生命學問

　　不過話說回來，西方的生命倫理論述，還是以生命及醫療科技所帶來的倫理問題之反思為主，連解決的方案都不脫理性邏輯的推論思辨。這對科學性質的生命議題可以提供出困之路，卻對人文性質的生命議題不甚相應。此一參差多少涉及中文裡「生命」概念的歧義；它既指西方知識性的生命實體與生命科學，也表達中國哲理性的生命境界及生命學問。新儒家哲學家牟宗三對「生命的學問」有所分判：「讀西方哲學是很難接觸生命的學問的。西方哲學的精彩是不在生命領域內，而是在邏輯領域內、知識領域內、概念的思辨方式中。所以他們沒有好的人生哲學。……西方人有宗教的信仰，而不能就其宗教的信仰開出生命的學問。……中國從古即說『大學之道，在明明德』。……『明明德』的學問，才是真正『生命』的學問。」（牟宗三，2005：31-33）

　　作為「生命的學問」之「明明德」，意指明白「明德」的道理，進一步考察則為：「『明德』是一種崇高的德性或德行，……近仁、崇禮二義，蓋為明德所涵有。……『明明德』在大學裡是屬於大學之道的。自宋儒將原在禮記中的大學、中庸兩篇特別提出來，與論、孟合成四書後，『明明德』在宋、明時才成為哲學家們不斷討論的課題。朱熹的大學章句，首先做了明晰的注釋……。王陽明與朱熹之間哲學上是有差異，但對明德的解釋卻是一致的。……陽明和朱子都同樣強調三點：(1)明德是先天的；(2)明德的特性是虛靈不昧；(3)明明德即恢復其本然之德。其後對明明德的了解，大抵都認同於朱、王……。」（韋政通，1977：450-451）這是全然儒家的倫理實踐，亦即守禮法、行仁愛，以彰顯生命中本有的德性。我們每個人都是讀《四書》長大的，對此應該不陌生。

　　儒家倫理有其崇高理想性，令人抱持「雖不能至，心嚮往之」的期待；它既是殯葬活動中「孝」文化的根源，也在新興的生命倫理學之中占有一席之地。儒家生命倫理學自有其特色：「西方主流的生命倫理是以自由個人主義為基礎的理論，這不但與西方傳統的基督教或天主教的取向不同，也不同於東方的主流思想。儒家在此也與西方個人主義的取向不同。儒家的取向，基本上是以天地人為一體的思想，而在人間社會則把個人涵容在家庭之中，因此，雖然儒家非常重視個人作為一道德行動的獨立人格和價值，但也特別重視家庭的倫理價值和責任，認為這是構成人之為人的倫常關係。這種取向顯然與西方當代的生命倫理一方面有所重疊，但也有重要的區分。這即構成儒家生命倫理學的特色。」（李瑞全，2006：1－2）

　　由於殯葬生命倫理的主要關注還是在臨終關懷，因此本節將引述儒家及道家的觀點與作法供讀者參考。尤其是殯葬業者，更應該對這些觀點加以消化吸收，以強化自身執行專業的內涵與能力。儒家的觀點為：「以儒家義理來說，個人固可在臨終之際，在家屬親友之間得到慰藉，也可進而呈現人之主體價值，不為惡疾所限，或與家人醫護諮輔人員共同探討與體驗生命之意義與光輝。因此臨終安寧療護並不應以消極的安然而去為限，應提供各種可能與活動使病人得以在人生最後階段充份發揮其創造力，發出生命的光輝。病人能在這種充滿生命動力中離去，則對病者與生者都將是最完滿的休止。」（李瑞全，1998：60）這是鼓勵病人創造精神不朽的可能。殯葬活動若是以「精神不朽」取代「靈魂不滅」作為基本參照觀點，其所呈現的景象將大異其趣。

　　華人殯葬活動以儒家「孝」文化和道教「鬼」文化的混合為其特性，但是二者非但不協調，還可能衝突，鄭志明（2004）即以「引鬼歸陰」與「祭祖安位」二端來說明此種現象。其實在上述衝突之處，若是

引入道家的「道」文化，或許另有一番天地。「道」文化主張「道法自然」；「要如何做才能達到自然的境地。在此，道家有兩種不同的作法：一種是死生一體的作法，一種是死生二分的作法。就前者而言，臨終關懷……是日日的關懷。……透過修證的作法，讓自己的生命進入虛靜無為的狀態，化除一切有關生死的執著，達到超越生死自在自然的境地。……就後者而言，臨終關懷……是臨終前的關懷。……道家仍然使用上述修證的方式來解決，只是重點放在認清生死的意義上。這種認清……在透過臨終者放下執著的方式呈現生死自然的意義。」（尉遲淦，1998：56）

第三節　生命教育

　　前面提到，「生命」二字既可以指科學知識描述下的生命，也反映出人文關懷闡釋中的生命；近年在臺灣蔚為流行，並且已經在大陸找到知音的「生命教育」，其「生命」無疑歸於後者。臺灣推動生命教育的學者，經過八年的努力，終於在二○○六年把生命教育列入高中正式課程，並開始實施教學。這套課程共有八科，除一科入門的「生命教育概論」外，另有「哲學與人生」、「宗教與人生」、「生死關懷」、「道德思考與抉擇」、「性愛與婚姻倫理」、「生命與科技倫理」、「人格統整與靈性發展」等七門進階課；由其中可以看出，本章所提及的人生哲學、生死學、生命倫理學，均已化為高中課程在講授。一開始它們以選修課方式試辦三年，自二○○九年起，規定每名高中、高職、五專生，至少必修一學分生命教育課程，如此可謂全面開展。

　　事實上，早在高中生命教育正式課程實施以前，大學校院及專科學校就已經開授相關課程多年了。例如我在一九九二年曾於當時的銘傳管理

學院，規劃全校各系必選「應用倫理學」二學分，當作通識教育課程。上述生命教育八科中，有四科即屬應用倫理學範疇。如今生命教育在大專層級已化為通識教育課程發揚光大，大陸上的高校也有類似臺港兩地「通識教育」的「文化素質教育」。顧名思義，源自香港的「通識教育」有意擴充學生的全方位見識，大陸本土的「素質教育」係為提升全民素質而努力，而發端於臺灣的「生命教育」則有心推展生命的學問，大家可說是殊途而同歸。尤有甚者，無論是以業者還是以消費者為對象的殯葬教育，其實都需要將生命教育納入。而生命倫理學除了包含醫學倫理學、護理倫理學、生物科技倫理學之外，也應該把殯葬倫理學列進去才是。

今日大專學生所學所思，皆以專門或專業課程為主；其他的共同及通識課程，除語文及電腦作為工具性知識外，大都被視為營養學分未予看重。但是通識教育的教學仍應擇善固執地走下去，以生命倫理學為例，其作用為：「生命倫理學作為哲學教育之通識課程，一方面除了能以理性的倫理思維，分析歸納生死抉擇行為的基本原則以作為判斷的依據；一方面更以規範的倫理思維，探討抉擇行為的人文與其道德的意義與價值。……生命倫理學在通識教育課程的教學目標與核心理念就是生命價值觀教育的通識課程。……這樣的通識課程，不但可以訓練哲學的思維，而且可以反省與釐清價值觀，讓學生思考與學習『怎樣存在』，而不只是學習『怎樣做事』，並以此建立處事與對待生命的方式、原則。」（游惠瑜，2004：50-51；56）

臺灣的大學生要修通識教育課程，大陸學生面對的則是素質教育。我曾為文把素質教育跟生命教育相結合，同時嘗試將之推廣至殯葬業，以提升從業人員的整體素質：「我提倡微觀的華人生命教育，並且寄望有人能夠整理出一套宏觀的華人素質教育，將生命教育納入其中。用傳統的話說，生命教育可使人們『獨善其身』，素質教育指引大家『兼

善天下』。……生命教育固然可以讓人瞭解問題之所在，提昇全民素質才是長治久安之計。……殯葬業屬於辛勤勞動的服務業，理當受到社會大眾的正視及肯定。不過寄望他人之餘，也應當反求諸己。專業性的殯葬生命教育，正是提昇從業者素質的成人教育與社會教育。通過教育手段以提高勞動者的素質，可以帶動更為全面的經濟及社會發展。」（鈕則誠，2007：183；187）

　　殯葬生命教育同時針對業者與消費者而發；對業者而言是專業基礎教育，對消費者而言則是通識教育。如果礙於授課時數，或校方有所顧忌，前者可在「殯葬倫理學」一科中、後者可在「生死學」中進行融入式教學。據我的觀察，臺灣一百六十餘所大學校院中，大約有半數開授生死學相關通識科目。倘若教師能夠正視殯葬業在為人善後、使人善終等方面的關鍵重要性，理當多所瞭解殯葬活動的運作，並傳播正面且全面的資訊給學生，令其產生潛移默化的學習效果，從而改善對殯葬行業的刻板印象與污名化。殯葬業所做的非但不是見不得人的事情，更應該被發揚為光明正大的人道關懷。畢竟我們每個人終不免一死，死後也必然要經由殯葬業者之手，方能完成後事料理，正式告別人間。光是這一點，殯葬業就應該足以為傲了。

第四節　生命事業

　　時下殯葬業者喜稱自己所從事的是「生命事業」，如此多少予人較為正向、光明之感，嫌棄心理亦能稍減。再者專業職稱「禮儀師」也有莊嚴、正式的意味，顯得十分恰當。事實上，「生命事業」指的正是與生命禮儀相關的行業，而其深層意義則為：「在許多民族或部落的文化現象裡，自古以來便流傳著某種特定的禮俗或儀式，而當事者往往正是藉

著通過這些禮儀活動，來標誌其人生的存在狀態或社會角色已然踏入另一階段或轉成別種身分。……這類禮俗或儀式的舉行，往往是伴隨著個人生命上所經歷的重大生物性事件而來，所以……叫做『人生禮儀』或『生命禮儀』。……在《禮記》的說法裡，則藉由『冠、昏、喪、祭』四項主要的禮儀活動來標舉出人生的四大階段……。」（萬金川，2000：138－139）這也是大陸上近年要將殯葬設施列為「生命教育基地」的理由。

「生命事業」工作者主要從事喪禮服務，現代化的喪禮服務不但蘊涵中國倫理性的慎終追遠精神，也包括西方社會性的支持安頓功能：「喪禮實際的社會功能有四：一、承認及紀念個人的死，二、提供安置遺體的場合，三、協助喪親者重新認識被死亡破壞的生活，四、清楚顯示在喪親者和他們所處的社交世界裡，相互的經濟及社會義務。在精神層面，喪禮提供遺屬一個可以幫助他們面對失落事實的體制。透過喪葬儀式，親朋好友聚集在一起，就近提供遺屬支持與安慰，讓他們知道許多人跟他們一樣在乎。這種情緒及社會支持，可以舒解喪親者的情緒壓力。而從發佈死訊、親友探訪及其他死後的儀式，都是社會提供喪親者心理支持，並調適他們的失落的方式。」（邱麗芬，2002：15）由此可見，生命事業不只是行禮如儀而已，更有後續關懷的重要任務在內。

從事「生命事業」的喪禮服務人員，理當對本身的角色建立有所自覺。一位擁有碩士學歷的殯葬業者，通過著書立說現身說法：「家屬、政府主管機關及喪禮服務人員本身，對於喪禮服務人員的角色期待，可以分為心理、社會、業務和教育四個面向。其中以業務面向為核心基礎，其他三個面向都是建立在『喪禮服務人員』的業務部分，也就是其專業知識。因此，如何培育喪禮服務人員的專業知識，並以證照

制度為其專業能力的認可，可以說是所有對於喪禮服務人員的角色建立、希冀之所在。如果喪禮服務人員的專業能力受到肯定，對於喪禮服務人員的專業能力產生信任，喪禮服務人員才能發揮其對於其他方面的影響力。」（陳繼成、陳宇翔，2006：171）生命事業唯有通過專業化，不斷移風易俗、推陳出新，方能更上層樓、止於至善。

　　實踐生命倫理、推動生命教育的生命事業工作者，除了民間企業員工外，還包括政府部門的公務員。當大部分殯葬設施操之於公部門手中之際，相關公務人員的專業及文化素質也有待強化。一位高級公務員在其研究臺北市殯葬管理的碩士學位論文中，提出改善之道：「提升公部門殯葬專業化，加強在職人員的專業教育與訓練，並藉以企業經營走動管理理念，強化內省機制；並追求提供及滿足社會需求為目標；同時基於維護消費者的權益，以提升服務品質來期許自我成長，以顧客滿意為導向的觀念，永續殯葬新文化與秩序的建立與發展，符合現代化、人性化、專業化、優質化、簡約化的新觀念與新作法努力創新，為臺北市都會的殯葬形象，樹立嶄新的一面。」（陳川青，2002：289）臺北市為臺灣首善之區，其殯葬管理的良窳大致反映全國水平，能不慎乎？

　　具有正向意義的「生命事業」之說其來有自，且早於一九九八年即有學者提出設立「生命事業管理系」的芻義，文中對此一概念有所闡述：「『生命事業』……四字係源自於日文漢字，狹義地指稱殯葬事業及喪葬禮儀事業。……然而，移植自日文之『生命事業』觀念，似乎可深化其中文意涵而加以發揚，因為『生命』兩字之意義在儒道傳統思想中極為重要，如謂『生生不息』、『天命之謂性』等，歷代先哲均對生命有極多之詮釋。……因此，深化後的『生命事業』新名詞關注的應是人的生、老、病、死四大問題，以及教育、成家、立業、休閒、老年等不同階段的需求，若由企業角度視之，生命事業應是個人

一生所應投入關注的最大事業。」（呂應鐘，2002：179－180）近年我為國立空中大學所創立的「生命事業管理科」，即涵蓋婚禮、周歲禮、一般壽禮，以及喪禮等人生各階段的禮儀。

結　語

　　「生命倫理學」原本是一門西方新興學科的譯名，其準確的漢譯應為「生物倫理學」，此外也有與其前身「醫學倫理學」相聯結的「生物醫學倫理學」之提法。如今在海峽兩岸皆以「生命倫理學」譯名所指的學科內容，列入應用倫理學的一環；由於它以科技支配下的生命狀態為主要關注，無形中忽略了中華文化脈絡中源遠流長的「生命學問」。本章從西方意義的生命倫理討論起，並擴充至中國的生命學問，再以臺灣蔚為流行的生命教育與生命事業呼應之。這整套論述，正是用我所提出的「生物／心理／社會／倫理／精神一體五面向人學模式」來加以鋪陳。我的模式其實是由西方的「生物—心理—社會醫學模式」與「身、心、靈護理模式」統整而來，曾以之建構「後現代華人生死學」，用於殯葬倫理學自無疑義。下章將順著此一理路，探索中國的殯葬關懷倫理。

課後反思

一、西方的生命倫理學成形於一九七○年代，當時正是醫藥科技大興的時期，倫理論述乃遍及各種生死決策，卻獨缺對臨終關懷的矚目。你認為是何原因？

二、中國式「『生命的』學問」與西方式「『生命』的知識」，二者乍看

之下，著實大異其趣，但不必然衝突。我們身處華人世界，該當 如何將此等「學問」與「知識」加以統整？

三、臺灣的生命教育是援引一所天主教中學的倫理教育及宗教教育現成教學經驗加以推廣，八年後成為所有的普通高中正式課程。請查閱文獻，對生命教育的來龍去脈和具體內容進行全盤瞭解。

四、「生命事業」之說由日本引進，日本業者是兼顧婚、喪禮儀兩方面的，臺灣則完全局限於殯葬業。請問在地業者有沒有從喪禮向婚禮整合的可能？為什麼？

參考文獻

牟宗三（2005）。《生命的學問》。桂林：廣西師範大學。

何兆珉、陳瑞芳（2004）。《殯葬倫理學》。北京：中國社會。

呂應鐘（2002）。〈生命事業管理系設立芻議〉。載於鈕則誠、王士峰編，《生命教育與生死管理論叢第壹輯——殯葬教育與管理》（頁179－198）。臺北：中華生死學會、中華殯葬教育學會。

李瑞全（1998）。〈儒家之臨終安寧療護之取向〉。《應用倫理研究通訊，8》，58－60。

李瑞全（2006）。〈專題引言：儒家與生命倫理〉。《應用倫理研究通訊，38》，1－2。

李瑞全（2007）。〈生命倫理學的回顧與發展〉。《應用倫理研究通訊，41》，11－19。

邱麗芬（2002）。《當前美國殯葬教育課程設計初探——兼論國內殯葬相關教育的實施現況》。南華大學生死學研究所碩士學位論文。嘉義：南華大

學。

韋政通（1977）。《中國哲學辭典》。臺北：大林。

陳川青（2002）。《臺北市殯葬設施及其管理服務所面臨的困境之探討與因應對策之研究》。南華大學生死學研究所碩士學位論文。嘉義：南華大學。

陳繼成、陳宇翔（2006）。《殯葬禮儀：理論與實務》。臺北：五南。

游惠瑜（2004）。〈生命倫理學在通識教育的教學〉。《應用倫理研究通訊，29》，50－57。

鈕則誠（2004）。《生命教育——學理與體驗》。臺北：揚智。

鈕則誠（2007）。〈素質教育取向的殯葬生命教育〉。載於鄭曉江、鈕則誠主編，《感悟生死——海峽兩岸生命教育與殯葬文化研討會論文集》（頁181－189）。鄭州：中州古籍。

萬金川（2000）。〈生命禮儀——以成年禮與婚禮為中心〉。載於尉遲淦主編，《生死學概論》（頁135－166）。臺北：五南。

劉曙輝（2004）。〈臨終關懷倫理〉。載於孫慕義、徐道喜、邵永生主編，《新生命倫理學》（頁189－202）。南京：東南大學。

鄭志明（2004）。《宗教的醫療觀與生命教育》。臺北：大元。

尉遲淦（1998）。〈從道家觀點看臨終關懷的問題〉。《應用倫理研究通訊》，8，55－57。

尉遲淦（2007）。《生命倫理》。臺北：華都。

心靈會客室

生命與生活

　　孔子說「吾十有五而志於學」，我十五歲時尚無學問事業的企圖心，到真的有一種從渾沌無明中掙扎走向出困之路的感覺。正是在這個慘綠少年的時代，生命底層開始出現騷動，逐漸在身心兩方面產生翻騰的波浪。外爍方面我是用參加社團活動以遂行「造反有理」，內斂方面則是不斷在閱讀中成為「麥田捕手」。記得念高中時，臺灣正面臨風雨飄搖的顛沛困頓，保衛釣魚臺、退出聯合國、對日斷交等事件，一波一波地湧上街頭。我念的成功高中剛好在臺北市中心，對面臺大法學院學生辦演講、貼大字報、上街遊行，看得我們熱血沸騰，於是作為校刊主編的我，便開始大鳴大放。年少輕狂，覺得寫起反動文字煞是過癮，所付出的代價就是差點被退學，以及被大學聯考所淘汰。

　　幸好我還年輕，有機會吃回頭草重考；不像一名較年長的同學，被拒於大學門外後剃頭去當兵，自卑之餘竟然撞火車自殺。當我反攻聯考時，下決心念哲學系；這不是關心時局的結果，而是反身而誠的堅持。我天生優柔寡斷，容易焦躁不安，秀才造反註定死路一條。好在靈明自覺讓我看清這一點，並指引我走向學問事業的道路。平心而論，念文科的出路，不是耍筆桿就是耍嘴皮；如今我課也教了多年，書也寫了不少，算是典型的文人。不過當初只有一股追尋生命奧義的衝動，完全沒有現實生活的考量，更沒想到要以為人師表來謀生糊口。高中時著迷於存在主義、道家與禪宗的文字話頭，私淑沙特、莊子和慧能，只是好讀書不求甚解的毛病始終改不了，半瓶醋的調調至今猶然，甚至還蔓延到我的書本和課堂裡面去。

我講的課及寫的書，沒有知識的深度，這點我自己心裡有數；但是年歲日長，我益發肯定它們有學問的廣度，足以啓迪人心，令之海闊天空。事實上，我的生命情調正是被一本書所潛移默化出來的，那便是林語堂所寫的《生活的藝術》。他在自序中曾說很想把書名題為《抒情哲學》，但是我想很少會有哲學家認同這是一部哲學著作。不過對我這個哲學從業員而言，它的確是一部讀起來精彩無比的人生哲學創作。出版本書時林語堂四十出頭，心境歸向道家，以無為之姿去迎接八年抗戰；但是著作等身的他，筆下卻是千軍萬馬。在語堂先生去世三十餘年後的今天，當我立於他在陽明山仰德大道故居中葬身之塋前，依然感動且感謝於他對我的生命與生活之迷津指點。故居題名「有不為齋」，以示道家「有所為，有所不為，為而不有」的境界，令我永恆地嚮往。

第十章　殯葬的關懷倫理

　　作為〈本論〉結尾的章節，殯葬關懷倫理可視為殯葬倫理學全部精神之所繫。由於我在本書中將殯葬倫理學列入專業倫理學之一例，並且用應用倫理學的架構去觀照它，而西方應用倫理學大致反映出基本倫理學內正義倫理與關懷倫理的相對性，首節即闡述此一相對性之來龍去脈。關懷倫理學為護理專業樹立核心價值，對殯葬專業亦大有啟發，次節依此討論由關懷之情所促動的關心與照顧，並對臨終關懷及後續關懷多所發揮。接續下去便將關懷倫理加以本土轉化與擴充，分別論及儒、道、佛三家的「關懷」要義。末節將「關懷」的奧義予以引伸，著重於提倡人性內本有的陰柔特質與社會中的陰性價值。殯葬業者跟行業本身，都有必要形成意識覺醒，將個人氣質及行業性質大幅調整改善。

引　言

　　進入全書〈本論〉九章的末章，我不單想推動華人的殯葬關懷倫理，更有意將「關懷」概念推廣為殯葬倫理甚至是整個殯葬學的核心價值，一如它在護理學及護理專業中的地位。長久以來，我始終認為殯葬專業最值得學習參照的對象正是護理專業；尤有甚者，在殯葬科系尚未健全之際，吸納護理人才投身殯葬行列，也許是一項不錯的因應對策。從專業發展來看，作為考授證照以執行專業的服務性質行業，殯葬與護理早於十九世紀後半葉即已在西方國家興起，而配套的專業教育也同時出現。然而它們一個為照護有病在身的患者，一個在處理失去性命的遺體，皆屬令人走避且辛苦操作的勞力工作，從業人員社會地位相對甚低；直到二十世紀中葉以後，才因為專業知識水平的提升，讓專業生涯綻放光明。有此類似之處，本章便嘗試將二者對照地講。

第一節　關懷倫理

　　雖然殯葬目前大致仍屬一門傳統行業，且與本土及在地文化深深糾纏、息息相關，但是整個殯葬改革的理念和作法，卻是移植自西方的產物，包括證照制度、專業教育等等。在不久後要開辦的「喪禮服務技術士」技能檢定中，無論是乙級要檢定的五項技能，還是丙級要檢定的三項技能中，均包含「服務倫理」一項。服務倫理作為專業技能的工作項目，其技能種類列有「遵守專業倫理」和「熟悉喪禮服務相關法規」兩條，並要求從業人員具備「喪禮倫理知識」。喪禮倫理即是殯葬倫理，華人社會看重的是它在天人關係與人際關係方面的倫理道德實踐，而西方學者則對之進行知識性的推理，於是乃有殯葬倫理學。本書大抵依此背景而寫，把

殯葬倫理學視為一門專業倫理學和應用倫理學；而在西方學術脈絡中，倫理學知識是具有深厚哲學背景的。

　　西方哲學可以粗略分為古代、中古、近代、現代、當代五個階段，自西元前六世紀發展至今，大約有兩千六百年之久。其中較大的分水嶺為十五世紀左右改變西方文明的文藝復興運動，將文化的知識學問和人們的身心狀態，從千百年來受限於基督宗教信仰中解放出來。西方倫理學在文藝復興以前的古代及中古，看重作為人類本質的德性與德行，此與中國儒家人性思想有著相互呼應之處。到了文藝復興以後的近現代，倫理學出現看重原則義務或功利效益兩大流派，但大致皆以公平正義的善行作為倫理道德的標準。在進入二十世紀的當代之前，倫理學知識先後出現德性論、義務論和效益論三大重要觀點與學派，它們全被歸入主流的「正義倫理學」。任何道德教育無不以此為依歸，西方倫理學也被視為具有普世價值而在全球推廣。

　　情況到了一九七〇年代開始出現變化，一道里程碑將永遠樹立於美國哈佛大學教育學院。當時有位心理學教授郭爾堡從事道德人格發展研究，其結果與主流倫理思想不謀而合。然而他的一名女學生吉利根，在畢業後獨立從事類似研究，卻得到完全相反的結論。郭爾堡發現：「道德人格發展由最早期的賞善罰惡的行為模式，然後在社會化的過程中學習順應文化內部的傳統價值觀，最後通過理性的反省而得以擺脫個別文化之區域性，確立超時空之普遍道德原則與道德義務。」（吳秀瑾，2006：109）這是一種「異中求同」的道德人格發展模式，亦即全球各地不同人種內的個體，先是接受本身所處文化提供的教育以逐漸社會化，再反身而誠領悟出人類共有的道德規範，從而落實具普遍性的倫理實踐。過去我們所接受的道德教育，也是採取此一「正義倫理學」途徑。

　　吉利根的途徑則大異其趣,她觀察到:「女孩是經由初期以『自我保存』之自私與自利,通過過渡到自私的反面,完全以利他為考量,以犧牲、奉獻和無我來界定自我,最終能夠妥協自私與利他之兩極化,達到以互不傷害來顧全大局,增進人我之利益。」(同上引)兩種觀點的差別為:「(吉利根)將女性的道德觀稱為『關懷倫理學』……,以別於(郭爾堡)的道德人格發展模式下的『公平倫理學』。……(郭爾堡)的道德人格發展模式的研究僅適用於男性特質,講求抽象、旁觀者的中立態度和重視原則,但是如果將『公正倫理學』的發展模式拿來衡量女性道德人格的發展,即不適用,也不準確。」(同上引)此處最值得一提的是,道德人格發展具有性別差異,這可說發人所未發;其思想的活水源頭,乃是二十世紀風起雲湧的「女性主義」。

　　女性主義於十八世紀萌芽於英國,至二十世紀大興於美國,其意義為:「女性主義……起於西方社會的婦女解放運動,它有著雙重的含義,首先它代表為婦女爭取平等權利的主張,進一步而言,它是一種社會變革的思想體系,這種變革旨在為婦女創造超越單純平等的新世界。……在我們所處的這個已經意識到人的局限性、理論的局限性的時代,承認差異,接受差異,較之於一味追求『平等』更有利於女性解放。」(劉霓,2004:473;477)這裡面有兩個深具啟發性的觀點,一個觀點承認與接受具有差異性的時代風貌,此即「後現代」的特徵;另一則為擺脫男女平等的假象,改為追求「女男有別」,這是女性主義的特徵。關懷倫理學受到女性主義「意識覺醒」的啟蒙,在後現代中看見人類的陰性價值,並加以發揚光大,無疑具有振聾啟聵的效果。

第二節　關心與照顧

　　為什麼要在介紹殯葬倫理學的教科書中大談女性主義？因為我想凸顯「關懷倫理學」在作為專業倫理學及應用倫理學的殯葬倫理學之內的特殊意義與價值，而關懷倫理學直接來自女性主義論述。首部討論關懷倫理學的經典著作，即是吉利根於一九八二年出版的《不同的聲音——心理學理論與婦女發展》，其書中文譯者有如下的評價：「吉利根所完成的工作是以女性的體驗為基礎建立起一種關懷倫理學。……關懷倫理學也是對西方社會以男性為中心建立起來的倫理學和心理學傳統的挑戰；是對由資本主義經濟制度本身決定的公正倫理盈天下所造成的緊張倫理關係的緩和；是對西方心理學理論中僅僅強調攻擊性、分離和防禦性，西方倫理學理論中僅僅強調自我和個人權利，忽視人們之間的關係、關懷和情感，貶低女性價值的批評、糾正和補充。」（蕭巍，1999：序7）

　　「關懷」通常有「關心」與「照顧」雙層意義，一般可依此分為「情意性關心」和「操作性照顧」兩方面，二者皆可視為關懷的表現。像醫師診治病人，也會表現適度的關心，但把實際照顧病人的工作交給護理人員。而護理人員除了直接提供照顧外，情感上的關心也不能少。醫護專業關懷病人的最終目的，是希望病患能夠痊癒，並且健康地活下去。臨終關懷的情況稍有不同，但用心仍然一致。臨終患者的病情雖不會好轉，適當的關懷卻能夠使痛苦趨於緩和，而讓病人在平靜的狀態下離世。由於臨終病患對家人的期待較高，因此殯葬人員若要從事相關服務，最好是與當事人家屬合作，提供「無後顧之憂」的身心寄託。現代人既然把生、老、病的大事，都託付給醫師及護理師去關照，當然也可以考慮把身後之事，放心地交給合格的禮儀師去料理。

臨終關懷屬於專業性的關懷活動，其關心準則與照顧內容為：「臨終關懷之準則包括：尊重病患之主體性和完整性；必須敏感且無評價和批判之提供照護；知道傾聽和敘說的恰當時機；有充分的知識和技巧，以協助病患達到所希望的最佳生活品質。……臨終照顧主要三個基本護理，包括症狀控制、家屬和病患支持所構成。身體症狀的緩解、減輕疾病、儘可能地保持其獨立和舒適情形。減輕因疾病的進展所造成的孤獨、焦慮和害怕感覺，儘可能尊重死者，還有當他們面臨哀慟時予以支持。」（曾煥棠，2005：166）殯葬人員對上述實際照顧的行為容或難以參與，但是對於情意關心的原則不可不知；關懷臨終病患固然是殯葬業者與當事人生前結緣的契機，而撫慰遺屬更是不可避免的後續關懷。

後續關懷主要針對亡者遺屬而發，學者指出：「一人去世，必產生數個甚至數十個遺屬，作為遺屬的最大的心願又是什麼呢？當然一是希望逝者『一路走好』，在『陰間』的生活能更好；二是如何讓已失去親人之後的生活儘快上正軌，在今後的人生之路上不要太孤獨；三是怎樣逐漸消解自我的哀傷之情，保持一種健康的狀態。所以，死亡並不是人生最後的謝幕、最大的悲劇；真正的悲劇在人們臨終時被冷落、被遺棄，得不到生理性照顧和精神性撫慰，尤其是無微不至的愛的援助。」（鄭曉江，2006：169）這裡顯示出臨終關懷與後續關懷的重大意義，也讓人們看見殯葬服務的不可或缺和廣闊的揮灑空間。所以我說禮儀師不是只懂得行禮如儀而已，他必須善體人意，充分表現關心的情意，並且真正從事照顧遺屬的工作。

關懷倫理學的最大特色乃是它的情意取向，「情意」的概念與「情感」、「情緒」、「情操」、「熱情」等相通，都指向一個人的情緒性生命，而與認知性生命相對。研究情意教育的學者發現：「人的生命中

會顯露出情緒或情感，這是一個幾乎每個人都能經驗到的事實，換句話說，如果有人的生命不具有感受、知覺、慾求等經驗，它是否是帶有生機或生氣的一條命，這是令人懷疑的。甚至於可以說，情意生命本身可能要比純粹理智上的推理、判斷等更能代表人性。」（林建福，2001：3）這樣說當然不在鼓勵人們情緒用事，而只是希望大家正視自己的情意生命，並且盡量發揮其中潛藏的巨大力量。我甚至認為整個人生都是情意性的，其中感性代表發散情意，理性為收斂情意，悟性則屬超越情意；人生便在這種辯證過程中不斷揚升，止於至善。

第三節　關懷與仁愛

殯葬的關懷倫理理當向華人關懷倫理靠攏，而華人關懷倫理實由西方關懷倫理轉化擴充而來，其貢獻多出於教育哲學學者之手。有學者分析道：「不管是義務論或效益論，表現在道德教育上，都很重視理性、認知、推理的價值。近年來，也有學者逐漸……發掘『德行』的意義，很類似儒家所標榜的『君子』風範，德行倫理學不企圖對倫理規範作各種抽象或本質的辯論，而在乎從具體的實踐活動中，體現諸多美德。……女性主義的學者也認為建立在義務論之上的倫理學，過於強調抽象的道德原則，而且忽略了情境的掌握，同時，義務論把『情感』排除在外，也是一大失策，『情感』、『關懷』才應該是倫理學或德育的核心概念。」（簡成熙，2004：10）由此可見，關懷倫理跟德行倫理及儒家倫理有相通之處，而與義務倫理和效益倫理有一段距離。

另有學者進一步對關懷倫理與儒家思想進行了系統化的對比：「關懷倫理學……與儒學一樣，是以情意作為道德的基礎，但在實踐要求與理論設計上，關懷倫理學更重視民主社會的人性需求和兩性關係開

發的時代課題，這是對於儒家思想現代化最重要的啟示。一、皆以情意作為道德之基礎——仁與關懷之對比……二、皆重視人際的關係脈絡——宗族社會的五倫，與民主社會中關懷需求的對比……三、皆是在『進入關係中』去貞定道德人格發展——君子之道與關懷者的關懷之對比……四、皆重視發自內在的主觀情意力量——功夫修養與選擇慶祝的對比……五、皆重視學習之自由與悅樂——游於藝、詩禮樂，與重視學習中美感呈現之對比……六、皆在培養道德成熟的性情中人——從男性為主的君子，到男女有不同關懷課題須學習的關懷者……。」（方志華，2004：335－341）

　　上述以儒家的「君子」與西方的「關懷者」為典型的「性情中人」理想人格，值得進一步推敲。大陸有學者撰成《中國人：性情中人的精神與氣象》一書，視中國文化即是中國人性情之流露，其特色有六點：情性自覺、自然精神、玄學體系、道德風尚、形象思維、情境言語。其中的「自然精神」包含人文精神在內：「在與自然的對話、交流、互動中，中國人慢慢成為了自然的一部分，他們從來就認為人是自然之子。由敬重自然又生出敬重生命，然後又生出敬重人性，注重人文。中國人有精神，就是這種人道主義精神，人文主義精神，自然之精神。」（曹世潮，2004：42）這是對「中國人文自然主義」極佳的描述，體現出「儒陽道陰、儒顯道隱、儒表道裡」的思想狀態，華人關懷倫理因此既是儒家的，也是道家的。

　　道家思想也可以具體轉化出「關懷」的實踐，尤其是在臨終關懷方面：「道家思想的生命關懷可以說是一種全人照顧模式，……是將人融入到天地運行的自然規律中，以道的體驗來圓滿身心的存有之理。道家是……將人的主體生命提昇到宇宙法則的終極關懷上，以心靈層面的自我調適來維護與保養機體的正常運作。……在這樣的身體觀下，

生死只是有限形體的終始而已，應該積極追求內在人性的無限實踐，……擺脫病患與災難的侵襲，強化人性自我超越的創造本能。……對臨終者的關懷的真正著手處，在於提昇其心性的自覺與體驗，能自我辯證出不被欲望所牽累的人性。」（鄭志明，2006a：51－52）這是一種指引人們走向了生脫死境界的關懷觀，許多人會認為難以落實，然而「此念是煩惱，轉念即菩提」，一念之間可以解脫一切，佛家對此也有領悟。

　　中國哲學的主軸包括儒、道、佛三家，儒道二家思想自古有之，在先秦時代就已經達到顛峰地步；佛家思想則是外來的印度佛教信仰之本土轉化，自東漢起陸續傳入，於六朝時期多方醞釀，至唐代以後發揚光大。由於佛教為制度化宗教，僧團階層嚴密，便刺激出道教的體制化，並長期與之抗衡。佛家的關懷倫理也有一套道理：「佛教教導人們不要貪戀此身與此生，……要求人們要以此身來精進修行，徹悟人生本相，能熄滅一切煩惱，不怕老之將至。……佛教的臨終關懷，是要讓亡者與生者都能超越死亡而兩相安，佛陀的臨終瞻病，是以法的佈施來助其安祥的解脫。臨終陪伴是相互感情交流，更要增進彼此的生死悟境，能相互增進對生命真諦的體驗，雙方都要能坦然地面對死亡，共同追求寧靜的善終。」（鄭志明，2006b：6－7）

第四節　陰性價值

　　以上所引述的文字，反映出儒、道、佛三家思想對於建構華人關懷倫理的可能方向。而源自於西方女性主義思想的關懷倫理學，其最大特色乃是提倡一種陰性價值，以作為人生倫理實踐的內涵。這種陰性價值雖由女性主義者所倡議，但絕非女性專利，而是男女通用的。陰性價值係指陰

柔的人性開顯;無論男女,生命裡都有陽剛與陰柔兩面,只是在社會化過程中,我們大都被馴服將自己的性別取向與性徵相結合。於是男性被要求表現出陽剛的作為,否則便有可能不符合社會預期而遭排斥;同樣道理,女性也被要求呈現陰柔的一面。在生死攸關的行業中,護理幾乎完全出自女性之手;她們反身而誠,拈出「關懷」為核心價值,實理所當然。過去殯葬多屬男性手中的粗活兒,要求他們實踐「關懷」倫理,豈非強人所難、緣木求魚?

事情並非如此絕對。縱使目前殯葬業的人力結構以男性為主,女性想當禮儀師也沒有入行困難,反倒是男性護理師可能需要心理建設。「關懷」一詞確實滿符合護理的本意,因為護理活動在源頭上正是來自女性對家人無微不至的關照。什麼是關懷?現代護理創始者南丁格爾說得好:「你也許不知道病人是多麼希望能夠有充分的力量去思考。當他們沒有力量進行思考的時候,他們仍然非常希望聽到好的現實中的事情發生。……要記住對於他們來說生命是非常令人失望同時也是不完整的。……除非死了,他們是沒有辦法逃脫這種失望之情的折磨的。你沒有辦法讓他們非常開心,但是你至少應該做點事情讓他們能夠暫時地忘記他們的失望。」(龐洵,2004:91)護理人員可以為病人所做的便是帶來希望,這點同樣也是殯葬人員應該為喪親者家屬所做的事情。

殯葬處理的是死人,面對的卻是活人;事實上,緣、殮、殯、葬、續五大價值鏈,幾乎完全落實在遺屬身心之上。過去殯葬業者只看重操作性技能,不太在乎與喪家的情感互動交流,而把這部分交給宗教人員去處理;如今禮儀師可說是喪禮中挑大梁的靈魂人物,勢必得盡量人性化,將「關懷」視為專業核心價值此其時矣!善體人意的殯葬活動是殯葬改革的理想:「藉由訓練有素的禮儀執行人員溫馨、有禮的服務與解說,那麼一場喪禮,便可以辦成一系列的家庭教育、社會教育,發揮禮俗

教化人心、鞏固人倫、促進社會和諧與團結的教育功能。」（徐福全，2001：107）既然殯葬禮儀有如此豐富的教化功能，那麼身為禮儀師的殯葬業者，非但不能妄自菲薄，更要努力學習如何頂天立地，好讓這一行早日出人頭地。

　　殯葬業者要想出人頭地，不是強與天爭或常與人爭，而是在順應自然中匠心獨運；比方說適時適度地向服務對象表示關懷之意，用陰柔的同理心去貼近對方的生命。在今日社會，唯有用陰性價值，方能看出一些生死攸關的性別問題：「現代女性與祖先牌位之間的張力，以及嬰靈超渡日益頻繁的問題，是臺灣社會越來越重要的宗教議題……。過去女子被寫入祖先牌位，因為嫁入男方家，生男育女，成為男方族譜的一員。現代社會越來越多女子選擇不婚或離婚，這樣的女子按照傳統習俗就將成為孤魂野鬼……。未來的靈魂個體戶——孤魂野鬼將變成常態，反而那些隸屬於傳統父系祖先牌位的祭祀，將逐漸式微。……對嬰靈的超渡，只是在身心受苦中，暫時抒解壓力的釋放管道，無助於女性追求情慾上的對等性。」（王鏡玲，2007）殯葬改革理應納入對此種陰性價值的肯定。

　　尤有甚者，除了作為禮儀師與技術士的殯葬業者，應該通過意識覺醒，改弦更張地流露自身原本便具有的陰柔特質及陰性價值，將關懷之情發揚光大；殯葬業本身也必須有所自覺，將企業組織的經營理念，納入具有關懷內涵的非營利公益精神及職場性別尊重。其真義為：「為了徹底改變過去社會傳統男尊女卑的不平等觀念，我們就必須改變性別刻板印象，……社會制度運作方式也要同時改變，……從而建立包含女性在內的管理哲學與事業倫理學……。在學習性別角色及認同中，亦透過社會化歷程，協助個體重新發展超越傳統刻板印象的性別與角色，有效地結合男性與女性的特質，重新建構新的管理風格，共同建立臺

灣平等和諧的兩性社會。」（林靜茹，2001：1）我寄望人們能夠擺脫對殯葬業跟陰間的聯想，但是樂見大家共同協力促成它建立以關懷為內涵的陰性價值。

結　語

　　本章提出了一個意義深遠的建議，寄望殯葬專業能夠學習效法護理專業，將「關懷」視為本身的核心價值，並且將殯葬產業盡可能地納入陰性特質。護理係以女性為主力的專業，且是在關心與照顧病人，以關懷為己任並無疑義。殯葬主要為男人天下，處理的又是令人畏懼的遺體，加上這一行競爭激烈，有時甚至不擇手段；要它走上陰柔的途徑，以關懷為基本能力，豈非癡人說夢？但這正是殯葬倫理學的理想之所在與所繫。過去大家都認為在商言商，那有企業倫理可言？如今它卻是商學院的重頭課。以前人們很難想像連幹殯葬這一行都還要考試，如今不但要考，還把服務倫理列為必考項目。本書主要作為授課教科書，而非考試參考書。我嘗試初步建構一套適用於臺灣的華人殯葬倫理論述，在〈結論〉的章節中，希望讓它能夠活學活用。

課後反思

一、西方倫理學一開始像中國哲學一樣，探討人類所具備的內在德性，後　　來卻逐漸走進抽象原則與規範的概念世界，至當代又一轉大談情意關　　懷。請對此一發展加以評論。

二、關懷可以再細分為關心與照顧兩方面，有人說醫師診治病人後，就只

關心而不直接照顧病人；而護士卻是二者兼顧，因此護理便以關懷為其核心價值。你以為然否？

三、中國哲學以儒、道、佛三家為主軸，倫理學亦不例外，如今此三家皆提出相當豐富的關懷論述。請以自身體驗予以印證，並進一步闡述之。

四、不管你是男性或女性，請反身而誠，探索自己的陰柔特質，思考如何將她發揚光大。此外，請你就社會上缺乏對陰性價值有所肯定的現象加以批判。

參考文獻

方志華（2004）。《關懷倫理學與教育》。臺北：洪葉。

王鏡玲（2007），〈從祖牌到嬰靈 女性難超渡〉。《聯合報》，8月27日。

吳秀瑾（2006）。〈關懷倫理的道德蘊涵：試論女性主義的道德知識生產與實踐〉。《國立政治大學哲學學報》，16，107－162。

林建福（2001）。《教育哲學——情緒層面的特殊觀照》。臺北：五南。

林靜茹（2001）。《非營利組織女性主義管理哲學與事業倫理學——從杜拉克之管理哲學到諾丁的關懷倫理》。南華大學非營利事業管理研究所碩士學位論文。嘉義：南華大學。

徐福全（2001）。〈臺灣殯葬禮俗的過去、現在與未來〉。《社區發展季刊》，96，99－108。

曹世潮（2004）。《中國人：性情中人的精神與氣象》。上海：上海文化。

曾煥棠（2005）。《認識生死學——生死有涯》。臺北：揚智。

劉 霓（2004）。〈女權主義〉。載於王治河主編，《後現代主義辭典》（頁

　　473－477）。北京：中央編譯。

鄭志明（2006a）。《道教生死學》。臺北：文津。

鄭志明（2006b）。《佛教生死學》。臺北：文津。

鄭曉江（2006）。《生死學》。臺北：揚智。

蕭　巍（1999）。〈譯者前言〉。載於蕭巍譯，《不同的聲音——心理學理論
　　與婦女發展》（C. Gilligan著）（頁序1－10）。北京：中央編譯。

簡成熙（2004）。《教育哲學：理念、專題與實務》。臺北：高等教育。

龐　洵（譯）（2004）。《護理札記》（F. Nightingale著）。北京：中國人民
　　大學。

心靈會客室

癌症病房

　　在寫這一章的幾天過程中，我的生命情調經歷了一些奇特的轉折，讓我更貼近人間情意關懷的真實面，也更深入地反思自己性情的陰柔面，同時清楚觀察到內心的陰暗處。我的繼父於兩年半以前罹患二期肺癌，切除一片肺葉後存活至今，半年前他接受例行檢查，竟被告知已達末期，只好開始進行化療。一心還想環遊世界的他，在做過兩個療程後，已顯得虛弱不堪，雄心壯志更被折磨得只剩下希望安度每週一上午的化療時辰。由於他的多所訴苦，醫師決定讓他在前幾天門診後住院觀察兩三天。帶著無奈的心情、抱著沉重的身軀，他無言地躺進癌症病房，跟鄰床一名住了上月的舌癌患者相對無語。我和老母陪他坐到下午，他想午睡，揮手示意我們先回家。老母意外地上前同他深深擁抱，默默地表達了四十五年的夫妻情誼。

　　我的父母早年離異，母親在我九歲那年再婚，十三歲時我隨父親居住，上大學後就逐漸獨立自主了。父親和繼父都是不易令人親近的軍人，我天生嚮往自然，對軍事生活沒什麼好感，當兵兩年一直像個死老百姓，平日也對兩位父親敬而遠之。生父在看見我拿到碩士學位的第二天移居美國，十七年後去世，享年八十五歲。他一度為攝護腺癌的手術後遺症所苦，但終究未被絕症擊倒，最後是死於身體屏弱，算得上壽終正寢。老父赴美後，我年年去探望他，短暫停留卻未曾善盡孝心，只是趕上為他送終而已。繼父在性格上則不喜麻煩別人，在我婚後從不願與我們同住，我也習慣於每週去探訪住在不遠不近的兩老。這一陣兩老都常跑醫院，我只能抽空陪他們去。勸他們雇個人到家裡當看護，他們卻總說還動得了，料是

不想家裡多個人嫌彆扭。

　　繼父住院那天是個晴空萬里的中元節，我陪他坐在八樓的日光室看風景，一○一大樓近在咫尺。他突然表示死後要做大體捐贈，耳背重聽的他發聲如吼，交代的後事迴盪在亮麗的日光室內，卻比空調送出來的風還冷。兩天後他出院了，我因為要擔任殯葬評鑑工作，無法去幫他辦手續。那天上午我站在尊貴的納骨塔樓層上，從窗外看去，不遠處竟露出一○一大樓的上端，此時繼父的遺言又在我耳畔響起。捐贈大體是好事，我還想有可能的話，為他的遺產在醫學院裡設立一個獎學金，如此又獻身又捐錢豈不更佳！這兩天報載臺灣有近八成塔位空置，七百多萬戶陰宅三十年也用不完。到底是死了燒成灰往裡頭一放，還是留下臭皮囊供教學之用，那一種決定更有意義？如今晉塔的多，捐軀的少，繼父的決定是否也是一種大愛的關懷表現呢？

【結　論】

第十一章　殯葬倫理學的應用

　　結論一章嘗試將殯葬倫理學引伸至實際方面的應用，其實殯葬倫理學本身即屬於應用倫理學的呈現。本章共分為六節，前五節分別反思殯葬產業五大價值鏈的在地現況，末節則對殯葬教育予以回顧和前瞻。各節多少扣住應用倫理學的企業倫理、環境倫理及生命倫理三大面向而撰寫。全章表現為一套矩陣式的論述。不同於前面章節大量引述他人論著，本章完全由我的觀察與反思次第鋪陳；然而我非但無法面面俱顧，且只能點到為止。但是流動於其間的一貫精神，正是我在本書積極提倡的，融會儒道二家思想的「中國人文自然主義」人生哲學。以此為人生信念，殯葬倫理實踐自當不同於過往，而是有很大的改革創新發揮空間。文章最後我提出讓殯葬教育背負起殯葬改革重責大任的看法，而我自己則是以寫作本書去承擔一部分責任。

引　言

　　眼前這本《殯葬倫理學》，是一套西方應用倫理論述的本土應用；它雖然以教科書的形貌出現，但我更希望它屬於「生命的學問」之表達。倫理學講究知行規範，但這多來自情意的感悟與認同，否則就得寫成法律條文，令人一一遵守了。如今殯葬法規已大致齊備，不足之處也在修正彌補，但並未要求訂定行規。然而殯葬已逐漸走上專業化的地步，至少也應該像其他專業一樣，由擁有專業證照的合格業者組成專業團體，訂定專業守則與自律公約。守則與公約不似法律條文，而是專業倫理的宗旨精神和依循方向之表達，對於殯葬業而言尚屬未來式。當下因為技能檢定要考服務倫理，本書也就有著一定的實際應用價值。以下即依於一些有用文本（內政部，2006；行政院勞工委員會，2007；徐福全，2003；黃有志，2002），順著殯葬產業五大價值鏈及應用倫理三大面向，次第闡述殯葬倫理學的可能應用。

第一節　結　緣

　　由於社會風氣的日益開放，加上殯葬業者的服務形象已有所改善，時下民眾已不盡然會將殯儀人員拒於千里之外。何況生前契約和納骨塔位的車體廣告，如今已在市面上到處奔馳，而電視媒體也不時出現感性訴求。雖然這些現象意味著殯葬已從公營的公益事業，大幅轉向民營的營利產業，但也的確讓大家看見，在業者的激烈競爭中，服務品質的快速提升。尤其是幾個都會區，像臺北、高雄、臺中等，都已依法展開定期評鑑工作，對消費者權益的保障可謂更為深化。但總的來說，專業人員的行事風格，多少源於他的倫理價值。以下各節即本著企業倫理、環境倫理、生

命倫理三大面向扼要討論。

　　目前殯葬業者要跟當事人生前結緣，至少有三個可能管道：販售生前契約、承包醫院太平間業務、與宗教團體合作；雖然業者在商言商，但是通過這些管道去結緣，還是必須有些倫理考量。就生前契約而言，因為原本即設計成可以轉讓的商品，因此履約對象並不完全確定；尤其在直銷作法下，它的關照成分已被大幅稀釋。不過對於最終使用者，禮儀人員還是應該本著公司的誠信原則，服務到位，不打折扣。至於承包太平間，則有機會近水樓臺先得月，但是必須建立規避跟其他業者起衝突的機制，以免讓消費者夾於其中受害。而宗教性助念活動，更是應該回歸虔信真諦，減少商業污染。

　　談到結緣階段的環境倫理，主要是對臨終和初終時期的空間考量；例如斷氣前是否要移舖，後事料理要自辦還是委外等。平心而論，臺灣人辦喪事雖然有半數以上選擇自辦，但仍然多由傳統業者接手，已經很難像過去那樣真正由街坊鄰里出面幫忙打點的，這也顯示出殯葬業已成民生必需的行業。然而自辦只不過是不使用殯儀館的設備而已，要晉塔則火化、塔位免不了，要入土更得找公墓安葬。在殯葬改革的風潮下，加上法規明白鼓勵自然葬，業者理當將這些訊息傳達給喪家，切莫給環保增添新問題。至於移舖與否，應以當事人感受為主要考量，不能為了壽終正寢而痛不欲生。

　　移舖之說自古有之，但這乃是農業社會的產物；依循相同禮法，死在外頭的人還連家門都歸不得，在今日看來，難免違反人道的生命倫理。尤其是都會型生活，居住空間櫛次鱗比，住高樓大廈者若於家中斷氣，如何將遺體有尊嚴地搬下樓都成問題，也同時必須考慮左鄰右舍的感受。因此現代的城裡人以死在醫院中居多，殯葬業如有與當事人生前結緣者，在徵得家屬同意下，到醫院或家中參與臨終關懷，應是義不容辭的事情。何

況殯葬法規已將臨終關懷列為禮儀師的基本職能之一，對其深入瞭解並且身體力行，可說是禮儀師必備功課。即使家屬反對，也應該低調地開始張羅後事。

第二節　入　殮

在風氣已開仍未全放之際，殯葬人員要從善如流地做好臨終關懷服務，還有很長的路要走。一般情況是人已斷氣，家屬才著手找業者料理後事，這也正是太平間承包業者利之所在；但終究要以給家屬帶來方便，並且在利潤上取之有道為原則。生意一旦到手，洗穿化殮的基本考量便是「視死如生」，在任何情況下都應當尊重遺體。目前入殮的操作技能已被列入考試要項，要考的不只是熟練程度，還要看和藹態度。倫理基本要求為；遺體是有位格的人，而非待處理的物。由此衍生的問題則是，在意外現場搶遺體的情事。這明顯違反商業倫理，卻有黑白二道介入其間，必須嚴格執法遏止才是。

初終與入殮服務的場所，算是整個禮儀服務的後場，而出殯時的公開儀式則屬前場。後場人員的努力不易為奠祭者得見，僅在瞻仰遺容時看出工作人員的苦心；但是後場的充分料理，卻是喪禮成敗之所繫。此一階段的環保考量主要在殯葬衛生方面，從接體開始，就要做好防護措施。少數亡者因感染或意外喪生，裝入屍袋常令家屬不忍，此刻悲傷輔導就顯得非常實際，而這也是心理衛生的重要環節。目前臺灣北部在洗穿化殮方面有較細分工，南部多由業者一體承包。由於防腐以物理性冷藏冷凍為主，少見化學性處理，傳統入殮打桶再長期停柩的作法，環保衛生的考量更應慎重其事才好。

初終與入殮的生命倫理，即是「視死如生」關心照顧的體現。主要

的過程集中在從接體到淨身，亦即遺體處理或尊體服務，至入殮告一段落。雖然法規中禮儀師的職掌從殯儀開始，但是專業人員對於入殮的程序卻不可不識；何況類似美國「殯葬指導師」的工作，更重視遺體處理這部分。「視死如生」的生命倫理，當然可以參照宗教性的「死後生命」觀點，但這只有哲學中的倫理學或美學意義，而無科學意義。真正的倫理關懷，是以「精神不朽」來取代「靈魂不滅」。「視死如生」乃是對不朽精神的尊重，而非對不滅鬼靈的敬畏。華人相信人死為鬼，喜愛人卻懼怕鬼，治喪時處處劃地自限，著實有待改革突破。

殯葬改革的突破創新，應當從入殮時就開始做起。日本和大陸可以三天內火化，我們卻會拖上七七四十九天。雖然應尊重傳統習俗，但既然是流俗，就有改革的空間。長期停柩背後的魂魄觀似是而非，卻令人積非成是，亟待政府召集禮俗學者研商創新之道。由此而來另一項必須推陳出新的作法，便是積極推廣先火化後辦告別式。如此一來可使入殮與出殯脫鉤，打破看時辰辦事的迷思，讓整個殯葬流程暢行無阻而步上正軌。後辦告別式還有一個好處，就是擺脫對殯儀館的依賴。沒有棺材只放骨灰罐，在那裡辦告別式都可以；而且還可以辦得溫馨感人，不像現在那般來去匆匆，破壞哀思。

第三節　出　殯

出殯儀式屬於公開性的身分轉換活動，亡者在此刻蓋棺論定，正式由活人的世界離去，只留下不朽的精神長駐親友之心。有些人成就不凡，得以讓更多的人追思懷念。然而無論屬於非凡人士抑或凡夫俗子，禮儀師都應該秉持服務的熱誠與投入的心意，對當事人生前的點點滴滴加以深刻瞭解，並且藉著殯儀會場進行全方位的呈現與詮釋。告別式場當然可以豎

靈、弔唁、奠祭等等，但是業者不妨學習日本及西方，在表現亡者生前事
蹟方面多發揮創意。此處的倫理要求是「隱惡揚善」，一如撰寫祭文的原
則。業者不可藉機探人隱私，說長道短，這也是最起碼的職業道德。

　　出殯日的奠禮，以及日後清明、中元的祭掃，親友對亡者都不免要
拈香、燒金、拜飯，而這些習俗都對環境保護有所影響，宜盡量收斂。近
年有人研發製作環保香，以減少空氣污染。香煙繚繞過去被視為浪漫空靈
的意境，如今則有破壞環境、傷害人體之虞，理應有去蕪存菁、推陳出新
的作法。像守靈與默哀，都足以沉澱心情，是十分值得推廣的良策。要緊
的是打破形式要求、看重實質內涵。西方人死亡也未見家屬哭天搶地，卻
無損於真情流露。臺灣人要做一些五子哭墓、孝女白琴的陣頭，始稱表達
孝道哀思，不免捨本逐末。我們這兒送喪行列所製造的噪音，也是有待改
善的環保問題。

　　真正足以展現出殯階段生命倫理的作法，不在於司儀訓練有素抑揚
頓挫的專業聲調，而貴在由家屬親友公開傾吐對亡者的悼念之情，這是禮
儀師可以向家屬建議的創新舉措。過去有位女作家曹又方罹癌，特舉辦生
前告別式向人間話別，過程感動了不少人；如今她抗癌成功依然健在，卻
無損於大死一番的發人深省價值。由此可見，告別式不一定要行禮如儀，
卻真的需要感念情深，否則即失去公開表達的意義。有人認為華人含蓄保
守，還是墨守成規的好。但是繁文縟節非但沒有撫慰悲情的作用，反而使
得人們更加無可適從。傳統禮俗一旦與現代生活步調脫節，其中的生命倫
理精義也就蕩然無存了。

　　在殯葬改革厚養薄葬、輕死重生的呼聲中，我贊同其他學者的意
見，建議人們維繫孝心並改善孝行、重視禮義但革新禮儀，同時推廣節葬
與潔葬。以臺北市為例，有一項節葬與潔葬相結合的作法，相當值得鼓
勵，那便是參加聯合奠祭後進行火化灑葬或樹葬，花費不超過兩萬元，何

樂而不為？再說聯合奠祭簡單隆重、盛大莊嚴，又由政府官員主持，完全合乎孝道禮法。當然像奇美集團總裁許文龍那樣立下遺願，堅持不治喪、不留墳、不占地，那就更理想了。不過這只是極少數人的想法，業者還不必擔心；一旦蔚為風氣，怕將無生意可做。好在人死也不能草草了事，殯葬業既為民生所必需，起碼的商業活動和公益服務，相信總也少不了的。

第四節　安　葬

　　「葬」字原本意指「藏」，先民把死去家人的遺體藏起來，以免被野獸啃噬而於心不忍，此外也有經由此轉往另外一個世界的意思。古代在葬法上相當多元，土葬、火葬、海葬、天葬、壁葬、洞穴葬等等，不一而足；而葬式如仰葬、曲葬、俯葬等，亦各有意義。到如今在臺灣，人們所熟悉的不外乎入土為安的土葬、羽化登仙的火葬、回歸自然的樹葬及海葬等；其中土葬可以夫妻合葬，火葬也有家族式塔位，但大都所費不貲，另外也有管理問題。像有些民間寶塔業者要跟家屬收管理費，一期管二十年，但二十年後若連家屬都已不在，或是業者關門大吉，這些亡靈又歸誰管呢？

　　華夏民族以農立國，與土地結下不解之緣，相信入土為安乃理所當然，以致像大陸上城裡人即使強制火化，也要想辦法買塊地把骨灰埋入；相對地，離開土地的塔位則乏人問津。臺灣地狹人稠，便走向另一個極端，拚命蓋寶塔，吸引人們當不動產投資，弄到塔位暴增，近八成空置，三十年也消化不完。此外公營墓園實施輪葬，與在地撿骨民俗不謀而合；私營墓園可以切割販售，並登記產權，日後究竟歸誰管理，還是得事先約定。安葬階段的企業倫理，涉及設施服務業者部分較多，一談就是三、五十年後的事情。業者必須有長遠規劃，以誠信為重，真正做到讓消費者

「無後顧之憂」才行。

　　傳統墓地看上去雜亂無章，但大都符合堪輿風水的要求，只因亡者個人合宜的方位不同而已。不過這對於現代人的生活景觀而言，還是十分礙眼，乃有遷葬之舉。遷葬應以重新規劃生態景觀、還地於自然為原則，不可任其荒蕪浪費。由於大部分墓地皆在地方政府之手，牽涉到土地使用政策及規劃。有關人民歸葬的環境倫理問題，政府一方面當然要求老百姓不可亂葬，一方面也應該自我鞭策，提升業務承辦人員的教育水準和文化素質，不能養成推拖拉的官僚習氣。臺灣各方面都在進步，唯有殯葬這一塊積習甚深，包括觀念守舊，連海葬都引來漁民抗議，更不用提設立專業科系的艱辛險阻了。

　　但是辦妥一場美好的葬禮，讓亡靈安頓、家屬放心，是殯葬業者表達生命關懷的最佳時機。由於墓園為實體設施，可以供後人駐足憑弔，我建議各地方政府多多規劃設置環保自然葬的景觀墓園，如此可同時當花園及公園使用，提供民眾更多休憩的空間。自然葬墓園只種樹，不立碑，可於樹上懸掛樹葬或灑葬的亡靈姓名，或集中書寫於一塊告示牌上，表示有這些亡靈安葬於此，長與天地合其德。至於海葬也可定期至洋面祭拜，以安撫家屬身心。人終不免一死，身為家屬也有離世的一天，如此世代循環，反映出生生不息、死而後已的自然規律。任何生命倫理，都應該向自然靠攏才好。

第五節　後　續

　　本書提出一套應用於臺灣的華人殯葬倫理論述，其中心主旨為融會儒道二家思想的「中國人文自然主義」。不同於主流思想，我主張儒道融通後，要進一步攝儒歸道，表現為「儒陽道陰、儒顯道隱、儒表道裡」的

生命與社會形態。唯有如此，中華文化方得以永續發展。理由很簡單，老子早就明示：「人法地，地法天，天法道，道法自然。」人文造作必須以嚮往並復歸於自然作為定向才有意義，殯葬活動的真諦當作如是觀。科學的教訓是，宇宙自渾沌中出生，形成物質、能量、生命，以及人類文化與文明。但終有一天這一切將復歸於無，然後靜待下一個千百億年的循環。依此觀之，火葬不晉塔、不入土、不占地才是對的。

　　儒家的道貌岸然雖不足取法，但是它的仁愛關懷之情仍值得推崇。古典道家和中土佛家思想的部分面向主張無為破執，可謂智慧之見。然而其他面向的佛教以及起而效尤的道教，卻在儒家禮法的激盪下，衍生出繁複的度亡科儀，就把中國人的死亡形態打造成遠離自然的人文景象。如今當我們談及殯葬的後續關懷時，業者心目中所想像的，就只剩下作七、作旬、百日、對年、合爐、吉葬之類傳統習俗了。這並非不妥，但有所不足；經營業者在對員工進行教育訓練時，不能只認為「凡存在必合理」，要有打破砂鍋問到底的批判精神，質疑禮俗中不合情理之處，進而去蕪存菁，推陳出新，這才是優質業者。

　　「後續關懷」的意義很廣，在西方最早指醫護人員對病人痊癒後的持續關切，後來演變成殯葬業者對遺屬的悲傷輔導，而臺灣連受刑人出獄後的「更生保護」都視為後續關懷。就殯葬產業五項價值鏈的「續」而言，可以包含業者對消費者的後續關懷，以及業者經營管理的永續發展兩方面；論及後續階段的環境倫理，大致指向後者。臺灣的殯葬產業發展不過三、四十年，傳統葬儀社不易有消費糾紛，中大型業者出現後情況才變得複雜；過去預售塔位的糾紛頻傳，如今生前契約也有漏洞。倘若連業者自己都沒有把握談永續經營發展，又怎能寄望人們心甘情願投資殯葬產業呢？

　　至於殯葬意義下的後續關懷，如今在臺灣正方興未艾。由於這也被

列入喪禮服務職類技能檢定的考試項目，坊間開始有相關的著作問世，形勢彷彿一片大好。但是從生命倫理尤其是關懷倫理的角度觀之，情況仍不免令人擔憂。以美國為例，後續關懷純屬不收費的公益性活動，內容主要為對遺屬的悲傷輔導，其目的即是廣結善緣，也屬於專業守則與自律公約下的善盡社會責任。我們這兒連守則公約都不存在，說是不收費，但羊毛仍出在羊身上；更把悲傷輔導想成百日對年禮俗，離後續關懷的理想尚很遙遠，有待進一步通過正規的、正式的殯葬專業教育加以落實。這便是本書要討論的最後一項議題。

第六節　教　育

　　殯葬業在臺灣碰到的最大問題乃是，它並非新興的行業，而是傳統行業的翻新；在傳統行業中，它又不像中醫那樣為民眾所認同接納，而是長期藏在陰暗處的低下行業。根據調查指出，臺灣三萬多名殯葬業者的教育程度，九成在高中以下；雖然現在有大型業者強調，非大學畢業生不收，但也無法掩蓋業者程度不足的事實。不過學歷不高並非表示手藝不精，這點殯葬還真有些像過去的中醫，師徒相傳，經驗便代表一切。如今中醫特考將廢，日後中醫師完全由大學中醫系畢業生通過國家考試取得證照者擔任，水準自然趨於整齊。殯葬業若想步上正軌，唯有開辦正式且正規的教育，別無他途。

　　臺灣大專層級的殯葬專業教育，自一九九七年便開始倡議，至二○○○年已出現正規但非正式的八十學分班。正規指正常課堂講授，正式指頒發學位及畢業證書。推廣教育學分班結業只算同等學力，且僅有協同式學程而無獨立科系，可說完全不具備永續發展的教學資源，更不用提學術研究了。在二○○七年以前，起碼有近十所大學或學院有意開辦殯葬科

系，至少有三所正式提出申請，最後均被打回票。學者們鍥而不捨之餘，竟然意外地在國立空中大學內開辦了生命事業管理科，其中的殯葬管理組因為頒授學位，算是第一間正式科系；然而隔空教學的性質，又顯得不是那麼正規。我們仍在期待一所既正式且正規的殯葬專業科系出現。

　　殯葬專業科系以培育殯葬專業人才為宗旨，初期的層級以訂在二專為宜，最佳效法對象便是護專。護理專業人員的培育，自二〇〇五年以後已完全提升至專科以上；殯葬人員要經常面對並處理遺體，還是採取招收十八歲以上成年人，施行專上教育訓練的方式為妥。護專教育以實用技藝為主，但是強調術德兼備，因此必修護理倫理學；有些宗教辦學的護理科，還會開授生死學、人生哲學之類修養課程。這些科目並非列為通識教育課程，而是重要的專業基礎課程。基於同樣理由，於是我在設計空大殯葬專業課程之際，也把殯葬倫理學列為必修，目的正是為提升從業人員的心理及文化素質，進而造福消費者。

　　臺灣的殯葬現況很特別，政府方面依法行事、秉公處理，卻不免拘泥保守；業者方面在商言商、獲利甚豐，但不斷推陳出新。殯葬教育夾在兩種不同形態的「殯葬管理」之間，必須小心拿捏分寸，以免走偏方向。殯葬科系培育的無疑是民間業者而非政府官員，但是教育的理想又不能太強調牟利，只好持平地朝向引介非營利事業管理服務公益精神給學生的方向去走。本書作為殯葬專業教育一環的基本教材，在臺灣屬於開風氣之先的著述；我希望能夠拋磚引玉，並善盡教育工作者的社會責任。殯葬倫理包括組織管理倫理、環境保護倫理，以及業者與消費者的人際倫理，它們都是無與倫比的人間關懷倫理之體現。

結　語

　　本書至此告一段落，作為結論的一章，我嘗試對臺灣殯葬現狀加以反思，並提出可能的改善之道。我在文中提到殯葬不是新興行業，而是長期受到污名化的傳統行業之翻新，其所面臨的困難險阻，只能用「剪不斷，理還亂」來形容。殯葬改革喊了這麼多年，終究還是得一步一腳印地走向理想的局面。實現理想乃是人生意義與價值之所繫，但是應當學會「築夢踏實」，否則一切終將是鏡花水月。倫理學無論是講抽象原則的規範，還是對人情關愛的感動，都指向生命的實踐。殯葬活動安置亡者遺體，撫慰生者心靈，是多麼難能可貴的生命實踐機會！從業人員的確應該以「向前人感恩，對眼前惜福，為後代積德」的心情，好好貢獻於社會、於人類。這便是最易修得的殯葬倫理。

課後反思

一、殯葬業者即使誠心與人結緣，也很容易被誤解要來賺死人錢。你認
　　為有何良方以改善民眾心目中的刻板印象？

二、入殮過程自接體開始，到大殮為止，其中經過沐浴、穿衣、化妝等程
　　序，希望亡者面目一新。請闡述其倫理意義。

三、出殯階段多半於自家靈堂或殯儀館禮廳中進行，在公開儀式前，還可
　　以從事守靈。你覺得守靈有何特色？

四、本書一貫地提倡不立碑、不占地的環保自然葬；但是果真如此做，家

屬難免悵然若失。請問有何改進之道？

五、在地業者心目中的後續關懷，主要指做百日及對年等服務。請問這些
　　傳統禮俗，有否可能轉化出現代的悲傷輔導精神？

六、把專業倫理列為專業教育的基礎課程，在其他專業領域已施行多年。
　　你覺得這點在殯葬領域能否行得通？

參考文獻

內政部（2006）。《殯葬管理法令彙編》。臺北：內政部。

行政院勞工委員會（2007）。《技能檢定規範之20100：喪禮服務》。臺中行
　　政院勞工委員會中部辦公室。

徐福全（2003）。《臺灣民間傳統喪葬儀節研究》。臺北：徐福全。

黃有志（2002）。《殯葬改革概論》。高雄：黃有志。

心靈會客室

社會責任

　　在撰寫本書期間，我抽空去天津及北京開了幾天會，主要都是由江西師範大學的哲學學者鄭曉江教授安排的。鄭教授從事人生哲學與生死哲學教學研究，十餘年來不斷著書立說，並且積極培養研究生，如今已見博士到手、在大學任教的弟子。十年前的一九九七年，他接受安寧療護學者趙可式邀請，來臺灣訪問演講。我當時剛出任南華生死所首任所長，熱情接待這位遠道而來的老表同鄉，讓他受寵若驚，也結下往後十年的良好因緣。十年間他來臺四趟，我有時權充司機，專車接送；而自二○○五年初，我組團正式到他服務的學校參加研討會，前後也有五次大陸遊是在他穿針引線下成行的。我們從一開始的生死學術交流，到最近的殯葬實務推廣，套句他的話說，是在善盡學者的社會責任。

　　作為大學教師，我的聘書背後清清楚楚載明，教師有教學、研究、服務、輔導四大責任；其中服務有兩種意思，一是在校內擔任行政工作，另一則是在校外從事社會性服務工作。至二○○七年中，我正式任教大學十九年，其中九年半出任行政主管，剛好占去一半時間。近六年我無官一身輕，先是用心著書立說，推廣我心目中的華人生死學；繼而在二○○三年《殯葬管理條例》全面實施後，一腳踏進推動殯葬改革的行列，開始為殯葬教育貢獻心力。如今我一方面意外地促成全國第一所殯葬科系的開辦，另一方面也偶然擔任起全國首度殯葬證照考試的命題召集人。有此兩項重責大任在身，當然忙得不亦樂乎；但是當夜深人靜時我捫心自問，殯葬真是我的最愛嗎？我卻始終說不上來。但是有一點可以肯定，那便是我

對此完全外行。

　　以外行引導內行，這正是我的尷尬處境；無奈政府相信學者勝於業者，我才得以濫竽充數。然而仔細一想，我雖然對殯葬業完全不曾涉足，卻是它潛在的消費者，這件事可說一點不假。殯葬業要想永續發展，必須業者與消費者互利共榮。身為消費群體的一員，我用大學教師的身分，為殯葬改革與殯葬教育貢獻一己之力，既有助於業者產業升級，也對包括我在內的消費群有所裨益。想到這兒，我就不至於太過心虛了。其實反身而誠之下，我自忖確實是對殯葬有種熱情存在；甚至在跟別人講自己從事殯葬相關工作，看見對方疑懼的眼神時，還不免有些小小的得意。雖然我自知對於殯葬所付出的階段性任務即將告一段落，但我還是願意大聲說出，我以身為殯葬人為榮！

後 記

　　從六月中開始動筆，到八月底完成初稿，寫這本書幾
乎花去我整個暑假；大功告成之際，我是真的大大鬆了一
口氣。兩年前寫完《殯葬學概論》就打算續寫《殯葬倫理
學》，不料其間接連撰成《殯葬生命教育》及《殯葬與生
死》二書，倫理關懷卻仍舊在心中擺盪。暑假前下定決心著
手，而這大概是我對殯葬可能貢獻的最後一項未盡心願。沒
想到俗事雜務纏身，加上天熱心浮氣躁，兩個月過去了，到
八月中竟然只完成三章。此事非同小可，令我大感焦慮，然
而就在此刻，奇妙的情況發生了。「意志集中，力量集中」
的故事再度重演，一如我在今年過年期間用十六天寫出一本
十萬字的哲理散文的衝勁，本書後八章也是在兩週內順利寫
就的。一天平均寫八小時，兩天成一章；辛苦所在，但願值
得，是為記。

鈕則誠

二〇〇七年八月三十日

生命事業管理叢書 2

殯葬倫理學

作　　　者／鈕則誠
出　版　者／威仕曼文化事業股份有限公司
發　行　人／葉忠賢
總　編　輯／閻富萍
執行編輯／李鳳三
地　　　址／台北縣深坑鄉北深路三段 258 號 8 樓
電　　　話／(02)8662-6826　8662-6810
傳　　　真／(02)2664-7633
網　　　址／http://www.ycrc.com.tw
　E-mail　／service@ycrc.com.tw
印　　　刷／鼎易印刷事業股份有限公司
　ISBN　／978-986-82142-8-6
初版一刷／2008 年 4 月
初版二刷／2021 年 9 月
定　　　價／新台幣 280 元

國家圖書館出版品預行編目資料

殯葬倫理學 ＝Funeral service ethics / 鈕則誠
著. -- 初版. -- 臺北縣深坑鄉：威仕曼文化，
2008.04
　　面；　公分（生命事業管理叢書；2）

ISBN 978-986-82142-8-6 (平裝)

1.商業倫理　2.環境倫理學　3.生命倫理學
4.殯葬業

198.49　　　　　　　　　　　　97003124